JN087635

人生100年時代の家族と法

人生100年時代の家族と法（'23）

装丁デザイン：牧野剛士
本文デザイン：畑中　猛

o-37

('23/5)

≪放送大学印刷教材≫

『人生100年時代の家族と法('23)』

追　補

(第1刷)

【追補の趣旨】

令和4年12月10日に成立し，同月16日に公布された「民法等の一部を改正する法律」(令和4年法律第102号) により，本書の記載内容に一部変更が生じている。なお，この法律は，公布の日から起算して1年6月を超えない範囲内において政令で定める日から施行される (ただし，懲戒権に関する規定の見直しについては，令和4年12月16日施行)。

【主な改正点】

1. 懲戒権に関する規定の見直し〔該当頁：84頁〕

懲戒権に関する規定を削除し，民法821条に子の人格の尊重等に関する規定を設けた。居所の指定に関する規定を民法822条とした。

2. 嫡出の推定の見直し及び女性に係る再婚禁止期間の廃止

(1) 嫡出の推定の見直し〔該当頁：47-48頁〕

嫡出推定制度に関する民法772条の規律を次のように改めた。妻が婚姻中に懐胎した子は夫の子と推定する旨の現行の民法の規律を維持した上で，女が婚姻前に懐胎した子であって，婚姻が成立した後に生まれたものは，夫の子と推定する規律を追加した。また，上記見直しにより，女が子を懐胎した時から子の出生の時までの間に複数の婚姻をしていたときは父性推定が重なり得ることから，そのときは，その出生の直近の婚姻における夫の子と推定することとした。さらに，嫡出否認の訴えにより子の父であることが否認された場合においては，嫡出否認がされた者との間の婚姻を除き，子の父を推定することとした。

⑵ 女性に係る再婚禁止期間の廃止〔該当頁：30 頁〕

上記の嫡出推定制度の見直しにより，母の再婚後に生まれた子は再婚後の夫の子と推定されることとなる結果，父性推定の重複は生じないこととなるため，女性に係る再婚禁止期間を定める規定を削除した。

3. 嫡出否認制度に関する規律の見直し〔該当頁：51-52 頁〕

嫡出否認権者に関する民法 774 条を見直し，嫡出推定規定により父が定まる子について，父，子および母に嫡出推定に対する否認権を認めた。また，母の離婚後 300 日以内に生まれた子であって，母が前夫以外の男性と再婚した後に生まれたものについて，当該再婚後の夫の子と推定される場合には，前夫にも，当該嫡出推定に対する否認権を認めた。

嫡出否認の訴えの出訴期間に関する民法 777 条を見直し，夫（父）の否認権について，子の出生を知った時から 3 年以内とするとともに，子および母の否認権については，子の出生の時から 3 年以内とした。また，母の離婚後 300 日以内に生まれた子であって，母が前夫以外の男性と再婚した後に生まれたものについて，当該再婚後の夫の子と推定される場合における前夫の否認権については，前夫が子の出生を知った時から 3 年以内とするとともに，加えて，子が成年に達したときは，行使することができないという制限を設けた。さらに，子については，子が自らの判断で否認権行使するために，子の出生の時から 3 年以内との規律の特則として，一定の要件を充たす場合には，子が 21 歳になるまでの間，嫡出否認の訴えの提起を認めた。

4. 第三者の提供精子を用いた生殖補助医療により生まれた子の親子関係に関する民法の特例に関する規律の見直し〔該当頁：62 頁〕

生殖補助医療法第 10 条は，嫡出否認権者に関する民法 774 条を前提に，妻が，夫の同意を得て，夫以外の男性の精子（その精子に由来する胚を含む。）を用いた生殖補助医療により懐胎した子については，夫，子または母（妻）は，子が嫡出であることを否認することができないとした。

5. 認知制度の見直し等

(1) 認知の無効に関する規律等の見直し〔該当頁：51 頁〕

認知された子の身分関係の安定を図るため，認知の無効を主張することができる主張権者の範囲を，子，子の法定代理人，認知をした者，子の母に限定するとともに，各主張権者においても，一定期間が経過した後は，事実に反する認知が無効であることを主張することができないとした。

(2) 国籍法に関する規律の見直し〔該当頁なし〕

虚偽認知による国籍の不正取得を防止する方策として，国籍法に，国籍法第 3 条に規定する認知された子の国籍の取得に関する規定は，認知について反対の事実があるときは，適用しないとの規律を加えた。

(3) 胎児認知の効力に関する規律の新設〔該当頁：50-51 頁〕

胎児の認知に関する民法 783 条について，婚姻前に胎児認知がされている場合においても，母が子の出生前に婚姻をしたときは，嫡出推定を及ぼすこととした。

以上

まえがき

最近よく見聞きする「人生100年時代」という表現は，既に，1980年代末には登場していました。しかし，ある種の切迫感をもって「人生100年時代」がいわれるようになったのは，平成の終わり頃からです。

長生きは，本来，喜ばしいはずですが，「人生100年時代」の背後には，改善の見通せない少子高齢化へのいらだちや，高齢期の生活を支える年金・医療・介護などの諸制度の持続可能性に対する不安といった，マイナスの感情が含まれているように思われます。

また，「人生100年時代」を乗り切るための標語として，「自助・共助・公助」といわれたりもします。これらのうち自助は，「自分で自分を助ける」「自分たち家族で助け合う」という，2つの意味を含みます。

年金などの公助は先行き不透明ですし，過疎化・都市化が進んで地域（コミュニティ）による共助も期待できそうにない。となると，最後に残るのは，自分と自分の家族による自助だけなのかもしれません。

その「家族」は，社会の基本的な構成要素であり，社会全体の傾向と無縁ではいられません。

人々が婚姻（結婚）をしなくなった未婚化，婚姻をする年齢が高くなった晩婚化，それらを主な要因とする少子化，また，世界のグローバル化に歩調を合わせて家族の国際化も進んでいます。むしろ，家族が変化したからこそ，わが国の社会全体が変化したというのが正しい認識だと思われます。

そして，「家族」は私的（プライベート）な関係であると同時に，公的（パブリック）な関係，さらには法的（リーガル）な関係でもあります。家族の範囲や家族の役割（権利や義務）を定めるのは，愛情や感情ではなく，実は法律です。そして，国や自治体が家族を支援するために提供する様々なサービスも，すべて法律に基礎を置くものです。

また，「幸福な家族に法律は不要」といわれますが，裏を返せば，「不幸な家族に法律は必要」です。日本は法治国家であり，家族の間であっても，法的な争いについては，裁判所が最終的な解決を行います。

この点に関して，興味深いデータが存在します。

最高裁判所は，毎年，全国の裁判所が受け付けた事件の総数とその内訳を公表しています。平成 22（2010）年では，総数が約 431 万件，うち家族に関する事件（家事事件といいます）が約 81 万件で全体の約 19%に過ぎませんでした。ところが，令和 2（2020）年になると，総数が約 336 万件，家事事件が約 110 万件で全体の約 33%を占めました。つまり，10 年間で総数は 95 万件も減少したのに，家事事件は 30 万件も増加し，裁判所の取り扱う事件の約 3 分の 1（！）が家事事件なのです。

さて，家族に関する最も基本的な法律は「民法」です。そこで，この「人生 100 年時代の家族と法」では，民法を中心に講義をするとともに，加えて，労働・社会保障・税などの家族を支えるための法制度についても取り上げます。家族に関する法制度は多岐にわたり，全部を網羅することはできませんので，基礎となる部分を中心に講義を行います。

皆さんの受講に際して，アドバイスがあります。法律は条文によって成り立っており，法律の学習とは，条文の学習とほぼ同じ意味になります。その条文ですが，インターネット（https://elaws.e-gov.go.jp）で簡単に検索することができます。このテキストの中で条文が出てきた場合には，是非，条文を探して，読んでみるようにしてください。

2023 年 3 月

本山　敦

目次

1　総論〈家族と法〉の150年：明治から令和まで

本山　敦

《学習のポイント》 大政奉還から約30年後の明治31（1898）年に，民法が施行された。民法は，夫婦・親子・扶養といった家族間の権利義務関係（第4編親族），および，世代間の財産の承継制度（第5編相続）について定める，最も基本的な法律である。明治から現代までの民法の制定・改正を軸に，家族に関する他の法律の制定や統計資料などをからめ，この間の〈家族と法〉の変遷を概観する。

《キーワード》 民法，人口動態統計，明治・大正・昭和・平成・令和の家族像と家族問題

1．家族と法

家族とは，「夫婦の配偶関係や親子・兄弟などの血縁関係によって結ばれた親族関係を基礎にして成立する小集団。社会構成の基本単位」である（新村出編『広辞苑（第7版）』）。また，法とは，「社会秩序維持のための規範で，一般に国家権力による強制を伴うもの」である（同）。

人は家族の中で生まれ育ち，そして，家族は人によって再生産される。家族は，社会の持続に不可欠な存在であり，そのため，家族の形成・解消・維持・保護・支援を目的とする多くの社会制度が設けられている。そして，それらの制度の大半は，法律に根拠を置く法制度である。

今日，わが国の「家族と法」は，高齢化・少子化・グローバル化・情報化などの影響を受けて，大きな変革期（ターニングポイント）を迎え

ている。

本講義では,「家族と法」の基礎を構成する「民法」を中心に,労働・社会保障・税・司法(裁判)などの家族に関わる/家族を取り巻く多様な法制度を取り上げることにしたい。

2.「家族と法」の範囲

家族に関わる/家族を取り巻く法律は多い。例えば,最高法規である日本国憲法24条2項は,「配偶者の選択,財産権,相続,住居の選定,離婚並びに婚姻及び家族に関するその他の事項に関しては,法律は,個人の尊厳と両性の本質的平等に立脚して,制定されなければならない。」と定める(傍点は筆者による)。そして,「社会構成の基本単位」である家族には,数えきれないほどの法律が関わっている。多数の法律のうち,本講義で具体的に取り上げることになる法律を抜粋する(表1-1)。

❶民法は,明治31(1898)年に施行された歴史ある法律である。民

表1-1　家族に関わる主な法律

法分野	具体的に取り上げる法律	本書の該当章
❶民法	第4編親族(親族法) 第5編相続(相続法)	第1章〜第6章 第10章〜第12章
❷手続法	家事事件手続法,人事訴訟法	第14章
❸社会法	労働基準法,育児介護休業法,国民年金法,生活保護法,児童扶養手当法,介護保険法	第7章〜第9章
❹税法	相続税法	第13章

法は，家族の範囲（「親族」という）を定め（民法725条・726条），かつ，家族間の法律上の権利・義務を定める最も基本的な法律である。そのため，本講義の内容のほぼ3分の2で，民法を中心とした説明が行われる。

❷手続法とは，裁判所で裁判手続を行うための法制度の総称である。具体的には，行政事件訴訟法，民事訴訟法，刑事訴訟法などが含まれる。

家族間の紛争，あるいは，家族と他者（国や地方自治体など）の間の紛争も，法治国家であるわが国では，最終的には裁判（司法）によって解決されることになる。そして，家族の特性を踏まえた各種の裁判手続およびそのための各種の手続法が用意されている。

❸社会法とは，自由主義経済や自由競争が生み出す不平等や貧困などの社会問題を解決するための法制度の総称である。労働分野，社会保障分野，社会福祉分野の法制度がこれに該当する。困窮や困難を抱えた国民ひいては家族を保護・支援するための法制度であり，家族の形成・維持・再生産に深く関わる。

❹税法とは，所得税・消費税・相続税など各種の税の根拠となる法制度の総称である。納税は，国民の三大義務の1つとされているが（日本国憲法30条），国民や企業などから集められた税や社会保険料を原資として，❸の社会法の定める生活保護や年金といった給付が国民ひいては家族に支給されている。高齢化が進行した日本社会では，❸と❹のバランス，つまり，社会保障のための支出と負担のバランスが重大な問題になっている。

上記❶❷❸❹は，それぞれ異なる法分野とされているが，家族の観点から見れば，相互に密接に関連している。本講義は，これらを「家族と法」の重要な要素と位置付けるものである。

3. 民法・家族法

(1) 民法の構成

明治 31（1898）年に施行された民法は，全 1050 条からなる巨大な法律である。民法は全 5 編から構成されており，第 1 編から第 3 編までを「財産法」，第 4 編と第 5 編を「家族法」と称する。そして，第 4 編親族を「親族法」，第 5 編相続を「相続法」と呼んでいる。

「家族法」は，婚姻（結婚）のような家族関係の形成（第 2 章参照），離婚のような家族関係の解消（第 4 章参照），親子関係（第 3 章・第 5 章参照），家族間の財産の移転である相続（第 11 章・第 12 章参照）なとを定める，もっとも基本的な法律である。

(2) 家族法の歴史

家族法の歴史を概観する。

①前史

江戸時代以前には，全国民に等しく適用されるような家族に関する「法」は存在しなかった。皇族・公家・武士階級については，婚姻・養子縁組・相続などについて，幕府法や各地の藩法が存在していた。しかし，農工商の庶民階級については，各地域の慣習が「法」であった。

明治維新後，明治政府（司法省）は日本全国の家族に関する慣習を調査した。明治 13（1880）年，その調査結果が刊行された（『全国民事慣例類集』）。同書から一部を抜粋する。

まず，子が生まれた場合の手続である。

山城国（現・京都府）では，「名ヲ命セシ上役場へ届ケ二八月ニ人別改帳ヲ作リ官へ差出ス例ナリ……」

つまり，子に命名して，（村）役場に届け，（農閑期の）2 月または 8

月に人別改帳を作成し官（公署）に提出していた。

甲斐国（現・山梨県）では，「出産ノ節ハ即日親戚ヘ吹聴シ七八日間ニ其町名主ヘ口上ヲ以テ届ケ寺院ヘモ届ルヿ（コト）ナリ……」

つまり，子の出生を親戚に速やかに知らせ，（出生から）7〜8日のうちに町名主に口頭で，また，寺院にも届け出るものとされていた。

次に，男女が婚姻した場合の手続である。

伊賀国（現・三重県）では，「披露ト号シテ所役人ヲ招宴シ始テ婚姻ノ成ル……」

つまり，披露宴に地域の役人を招待することで婚姻が成立した。

下総国（現・千葉県）では，「婚姻ハ別段届出デズ戸主タル者新婦ヲ伴ヒ役場ヘ出頭スル例ナリ……」

婚姻の届出は特に行わず，戸主（家長）が（村）役場に新婦を連れて出頭すればよいとされていた。

これらの資料から，江戸時代から明治初頭において，庶民階級の「家族法」は，地域によってまったく異なっていたことが分かるのである。

②明治民法の制定

明治政府は，近代国家（中央集権国家）の樹立や不平等条約の撤廃を実現するために，欧米に倣った法制度を導入することにした。そして，憲法・民法・刑法・商法・民事訴訟法・刑事訴訟法のいわゆる「六法」を中心に，法律の整備に着手した。上述したように，これらのうち民法に家族に関する制度が含まれる。

民法は，明治23（1890）年にいったん制定された。しかし，その後に勃発したいわゆる「（民）法典論争」を受けて修正を余儀なくされ，8年後の明治31（1898）年に施行された。以下では，この民法を「明治民法」と呼ぶことにする。

明治民法は，「戸主制度」と「家督相続制度」を両輪とした「家制度」

によって特徴づけられる。

戸主とは，家長のことである。この戸主と同一の戸籍に記載されている者が「家族」と位置付けられた。戸主は，家族に対して絶大な権限を有していた。例えば，戸主の同意を得なければ，家族は婚姻できないとされていた（明治民法 750 条）。それゆえ，親（戸主）から婚姻に反対された子（家族）が手に手を取って「駆け落ち」をするという社会現象が発生した。他方で，戸主は家族に対する扶養義務を負い（同 747 条），義務も重かった。戸主を支配者，家族を被支配者と見るならば，戸主制度はまさに封建制度であった。

家督相続とは，江戸時代の武士階級の相続制度に，近代的な民法の衣を被せたような制度である。

戸主の地位（家督）は，戸主の死亡や隠居などを原因として，新戸主（家督相続人）に相続される。家督相続人になることができる者は，旧戸主の直系卑属（子や孫）のうちの旧戸主から見て親等（後出 4（1））の近い者，男女では男性，年齢では年長者が優先するとされていた。要するに，「長男」が原則として家督相続人であり，新戸主になるとされた。また，相続の対象となる財産は，旧戸主の個人の財産ではなく，家の財産（家産）と位置付けられた。新戸主は，家督相続によって戸主の地位（家督）と家の財産（家産）の両方を相続するものとされていた。

明治民法が制定されるまで，農工商の庶民階級の相続は地域によって多種多様であった。例えば，性別に関係なく最初に生まれた子が相続する長子相続，最年少の子が相続する末子相続などが存在した。つまり，明治民法は，各地域の慣習や歴史をすべてリセットして，全国・全国民に民法という法律を一律に強制したのである。地域の実情や人々の意識に合致しない法律の実施は，当時の社会に様々な混乱を齎すことになった。

③大正期

大正期（1912〜1926 年）になると，いわゆる大正デモクラシーの影響や婦人運動の高まりを受けて，明治民法の改正を求める動きが表面化した。他方，そのような改正の要求に対する強い反発も存在した。

当時の政府は，臨時法制審議会という会議体を設置して，「現行民法中我国古来ノ淳風美俗ニ副(そ)ハザルモノアリト思(おぼし)ム其(その)改正ノ要領如何(いかん)」との諮問を受けて，明治民法の改正の検討を開始した。

その結果，大正 14（1925）年に明治民法の改正要綱が公表された。その中では，例えば，明治民法によって全国一律の方式とされてしまった「婚姻ノ成立」について，「婚姻ハ慣習上認メラレタル儀式ヲ挙クルニ因リテ成立スルモノト」するとの改正案が示された。つまり，各地の慣習を尊重する方針が示された。

また，家制度は，女性（妻・母）にとって極めて差別的な内容であったところ，差別を（わずかではあるが）改善する方向性が示された。

ところが，大正末期の金融恐慌の発生や昭和 6（1931）年の満州事変を端緒とする 15 年戦争の勃発・拡大の影響を受けて，この改正要綱の実現は頓挫した。

④昭和前期：第２次大戦まで

戦争の拡大によって，明治民法の改正に向けた作業は中断された。しかし，この戦争は当時の家族に２つの新たな紛争を生じさせた。

１つ目の紛争は，軍人が戦死した場合に国から支給される各種の給付金を家族の誰が受け取るのかという問題であった。多くの場合，戦死した軍人の妻と戸主（軍人の親）との間で給付金の取り合いとなった。

２つ目の紛争は，いわゆる「銃後の妻」が夫の出征中に他の男性と関係を持ったり，他の男性の子を妊娠・出産したりするという問題の多発であった。

これらの紛争の多発を受けて，昭和 14（1939）年に「人事調停法」が制定された。人事調停とは，裁判所が選んだ民間人と紛争の当事者（家族）が裁判所で調停（話合い）を行って紛争を解決するという手続である。人事調停は，上記のとおり戦時中の特殊な経緯から設けられた制度であったが，戦後になっても，家庭裁判所の「家事調停」に姿を変えて現在まで命脈を保っている（第 14 章参照）。

⑤昭和中期・後期：第 2 次大戦後

敗戦を受けて，わが国の社会制度は，法制度を筆頭に抜本的な再構築を迫られることになった。

最高法規である憲法は，封建的な大日本帝国憲法（欽定憲法）が改正され，民主主義・平和主義・国民主権を掲げる日本国憲法に生まれ変わった。そして，憲法改正に併せて，封建的な明治民法のうち家族に関する部分（第 4 編親族・第 5 編相続）も大改正された。

昭和 23（1948）年，改正された民法が施行された。改正当時は「新民法」と呼ばれた。新民法は「個人の尊厳と両性の本質的平等」を掲げ（2 条），家制度（戸主制度と家督相続制度）に関わる条文をすべて削除するとともに，女性（妻・母）に対する差別的な制度を撤廃した。

また，新民法では，「家」という集団的な発想が除去され，個人単位（個人主義）への転換および男女平等が目指された。もっとも，この改正は，終戦から約 2 年という短期間で行われたため，家制度的な条文の削除にもっぱら注力せざるを得ず，新しい制度を盛り込むにはあまりに時間が足りなかった。

封建的な明治民法は明治 31（1898）年から昭和 22（1947）年までの 50 年間続いた。そして，昭和 23（1948）年の新民法から現在まで，既に 70 年以上の歳月が経過したのである。

なお，この昭和中期・後期には，昭和 22（1947）年に労働基準法，昭和25（1950）年に生活保護法，昭和34（1959）年に国民年金法がそれぞれ制定されるなど，家族を支援するための法制度の整備が進んだ。

⑥平成期

昭和の終わり頃から，日本社会の高齢化，少子化，国際化，情報化などが強く認識されるようになった。

かつての「新民法」についても，変化した社会の実態や国民の意識に適合しない部分が指摘されるようになった。平成期（1989～2019年）になると，わが国は，第1の立法期（明治），第2の立法期（戦後）に続く，第3の立法期を迎えることになった。

平成8（1996）年，法務省の法制審議会は，「民法の一部を改正する法律案要綱」をとりまとめた。それは，民法750条を改正して，「選択的夫婦別氏（別姓）制度」を導入するという提案を含んでいた。ところが，それから約30年が経過したものの，選択的夫婦別氏（別姓）制度の導入（民法の改正）については社会的な合意が形成されず，未だ実現していないのである。

では，平成期に実現した民法の改正を概観する。

平成11（1999）年には，社会の高齢化に対応するために，介護保険制度（介護保険法）が創設され，それに呼応して民法に成年後見制度（民法7条以下）が導入された。認知症などの原因によって判断能力が減退した高齢者等の財産を適切に管理することが目的であった。

平成23（2011）年には，児童虐待に対応するために，親権制度（民法818条以下）が改正された。しかし，この改正だけでは不十分であり，令和4（2022）年以降に再度の改正が行われることになっている。

平成30（2018）年には，2つの大改正が行われた。

1つは，成年年齢（民法4条）を20歳から18歳に引き下げるとともに，男性18歳・女性16歳とされてきた婚姻可能年齢（民法731条）を男女とも18歳にするといった改正，もう1つは，社会全体の高齢化や相続をめぐる国民の意識の変化を受けて，相続法（民法第5編相続）の大改正であった。

なお，平成期には，家族の中の弱者を保護するための法律の整備が大きく進展した。具体的には，児童虐待の防止等に関する法律（児童虐待防止法：平成12（2000）年），配偶者からの暴力の防止及び被害者の保護等に関する法律（DV防止法：平成13（2001）年），高齢者虐待の防止，高齢者の養護者に対する支援等に関する法律（高齢者虐待防止法：平成17（2005）年），障害者虐待の防止，障害者の養護者に対する支援等に関する法律（障害者虐待防止法：平成23（2011）年）である。これらの法制度の制定は，家族の中に弱者が存在するという事実を正面から認め，社会が家族に積極的に関与することを通じて，家族の中にいる弱者を保護するという姿勢の表出ともいえる。

⑦令和期

令和期（2019年～）に入ってからも，改正の動きは活発である。

令和3（2021）年には，所有者不明土地問題・空き家問題に関連して，相続法（民法第5編相続）が改正された。

その後も，離婚と離婚後の親子関係に関する改正，家庭裁判所の手続のオンライン化などの改正が予定されている。

家族は常に変化している。したがって，家族に関する法制度も変化せざるを得ないのである。

4. 親族と戸籍

民法第4編親族と同第5編相続を合わせて「家族法」と呼ぶが，実は，民法の条文には「家族」という文言は一切出てこない。民法に使われている用語は，「親族」である。

親族とは，一般的には，婚姻（結婚）や血縁に基づいた人間関係を意味している。つまり，「親族」と「親戚」の使い分けは，あまり意識されていないのである。これに対して，民法の「親族」とは，法律上の権利・義務・責任・制約などが及ぶ当事者の範囲を意味する。制約の一例として，3親等（しんとう）内の血族（例：おじとめい，おばとおい）の間の婚姻禁止，すなわち近親婚の禁止（民法734条）がある。

そして，具体的には，6親等内の血族・配偶者・3親等内の姻族が民法上の親族とされている（民法725条：次頁図1-1参照）。

(1) 親等

親等とは，親族関係にある者同士の間の距離を意味する。計算方法は以下のとおりである。

自分を基準（プラスマイナス0）にして，自分と父母の間は上の世代に1つ上がるので，自分と父母の間は「1親等」である（民法726条1項）。

自分と兄弟姉妹の間では，まず自分から父母まで上がって1，次に父母から兄弟姉妹まで下がって1，ゆえに自分と兄弟姉妹の間は1＋1＝2で「2親等」である（民法726条2項）。

同じような計算方法で，自分とおじおば（おいめい）の間は1＋1＋1＝3で「3親等」，自分といとこ（いとこ同士）の間は1＋1＋1＋1＝4で「4親等」である。

(2) 血族・配偶者・姻族

血族とは，文字通り血縁関係にある者同士である。遺伝的な血のつながりがある場合を自然血族という。これに対して，養子縁組の当事者

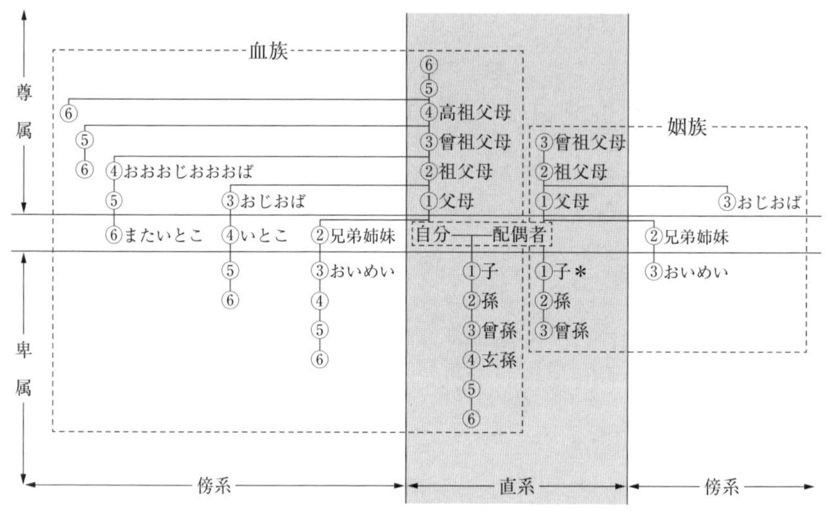

＊配偶者の〈連れ子〉という意味である。

図 1-1　親族関係図

（本山敦『家族法の歩き方』（日本評論社，第 2 版，2013 年）より）

（養親と養子）のように，遺伝的な血のつながりはないが，民法によって血縁関係があるとみなされる（擬制される）者同士を法定血族という（民法 727 条）。

配偶者とは，夫から見て妻，妻から見て夫のことである。自分と配偶者の間は，対等かつ平等な関係であるので親等は観念されない（プラスマイナス 0）。なお，わが国では，同性婚が認められていないため，配偶者は男女（夫と妻）の組み合わせである。

姻族とは，婚姻を介して，つまり配偶者を介して生じる親族関係である。自分と配偶者の両親（義理の父母）の間は姻族 1 親等である。自分と配偶者の祖父母（義理の祖父母）の間は姻族 2 親等，自分と配偶者の兄弟姉妹（義理の兄弟姉妹）の間も姻族 2 親等である。

(3) 直系／傍系，尊属／卑属

自分→父母→祖父母，あるいは，自分→子→孫というように，縦に一直線につながる関係を「直系」，自分から兄弟姉妹・おじおば・おいめい・いとこのように横に広がる関係を「傍系」という。

自分と祖父母の間は「直系血族２親等」，自分と兄弟姉妹の間は「傍系血族２親等」，自分とおじおば（おいめい）の間は「傍系血族３親等」，自分といとこの間（いとこ同士）は「傍系血族４親等」である。

自分と配偶者の父母の間は「直系姻族１親等」，自分と配偶者の兄弟姉妹の間は「傍系姻族２親等」である。

また，父母や祖父母のように自分から見て上の世代を「尊属」，子や孫のように自分から見て下の世代を「卑属」という。自分から見て配偶者，兄弟姉妹，いとこなどは横に並ぶ関係なので，尊属でも卑属でもない。この尊属・卑属という概念には，実際の年齢は関係ない。かつては，自分より年少のおじおば，年長のおいめいが存在することは，珍しいものではなかったのである。

(4) 戸籍

戸籍は，国による国民の登録制度である。古代中国の影響を受けて，大宝律令によってわが国最初の戸籍が作成された（古代の戸籍）。しかし，その後，全国レベルの戸籍は作成されなかった。江戸時代にキリシタン対策から作成されるようになった宗門改帳（宗門人別改帳）が，戸籍の役割を兼ねていた（前述３(2)①参照）。

明治政府は，国民を把握して徴税や徴兵などを行う必要から，明治４（1871）年に戸籍法を制定し，翌年に全国民の戸籍を作成した（近代的戸籍）。戸籍の整備は，明治民法の施行よりもかなり早かったのである。全国民の把握は，明治政府にとって，喫緊の課題だったからである。

そして，戸籍法も他の制度と同じく，戦後に大改正され，昭和 23（1948）年に新民法と新戸籍法が同時に施行された。

戸籍は，日本国民であることを公式に証明（公証）し，かつ，人の身分に関する情報（性別，出生日，出生地など）やその人の親族（父母，配偶者，子，兄弟姉妹など）の情報を記録した帳簿である（現在は，電子データ化されている）。

出生，婚姻，離婚，死亡などの身分の変動が戸籍に記録されるため，手間をかけさえすれば，自分のルーツを明治時代までたどることがほぼ可能である。筆者についていえば，父方の曾祖父が元治元（1864）年生まれ，曾祖父の父が天保 5（1834）年生まれであることが，入手可能な過去の戸籍（除籍簿という）で判明している。他方で，戸籍の情報はプライバシーに関わる個人情報でもあることから，戸籍が原因となるプライバシー侵害などの問題も生じている。

5. 統計で見る「家族と法」

(1) 人口動態統計

厚生労働省が毎年公表している「人口動態統計」は，出生・死亡・婚姻・離婚など，家族に関する最も基本的なデータである。同統計で昭和 35（1960）年から令和 2（2020）年までのデータを 20 年ごとに抽出した（次頁表 1-2）。

この 60 年間で，出生数は約半分に減少し，死亡数はほぼ倍増した。婚姻数は約 2/3 に減少し，離婚数は約 3 倍になった。

令和 2（2020）年のデータによれば，1 年間に約 53 万人もの人口が減少している。イメージが湧きにくいかもしれないが，鳥取県の総人口が約 54 万人である（令和 4（2022）年 1 月時点）。1 つの県の総人口に匹

表1-2　人口動態統計

年	出生（人）	死亡（人）	婚姻（件）	離婚（件）
1960	1,606,041	706,599	866,115	68,410
1980	1,576,889	722,801	774,702	141,689
2000	1,190,547	961,653	798,138	264,246
2020	**840,835**	**1,372,755**	**525,507**	**193,253**

（厚生労働省「人口動態総覧」の年次推移から作成）

敵する人口が1年間で減少したことになる。そして，人口減少は，今後も拡大することが確実であり，それは「家族と法」にも様々な影響を及ぼすと考えられる。

男女が婚姻して，夫婦になる（わが国では同性婚は法制度化されていない）。上記データは件数なので，未婚化，晩婚化といわれながらも，人数にして1年間に100万人超が婚姻している。そして，多くの夫婦は子をもうける。しかし，何かの事情があって離婚する夫婦がいる。人数にして1年間に38万人超が離婚している。なお，グローバル化の進展により，国際的な婚姻・離婚も多い。

人は，一般に，老い，病を得て，死亡する（生老病死）。介護・医療・年金など，終末期に関する諸制度の持続可能性が，多くの国民にとって重要な関心事になっている。

また，平成の終わり頃から，「終活」すなわち葬儀・墓地・死後の財産の帰属（相続・遺言）に関心を寄せる高齢者が増加している。これらのうち相続は「死亡によって開始する」ので（民法882条），人の死亡と相続法は密接不可分の関係にある。死亡が増加するということは，相続と相続をめぐる紛争が増加することに直結するのである。

個々の家族のかかえる紛争を解決することも当然重要だが，統計データに基づいてマクロの視点から家族と法の現状や変化を把握することも重要である。

(2) 司法統計

次に，家族をめぐる法的な紛争をマクロの視点から見る。

最高裁判所は，全国の裁判所に申し立てられたすべての事件を 4 つに分類した統計を公表している（表 1–3)。

不動産や金銭トラブルなどの民事事件および国などを相手にする行政事件，殺人などの刑事事件，離婚や相続などの家事事件，少年非行を対象とする少年事件という 4 分類である。

近年，事件の総数が大幅に減少している。裁判に関する報道は連日のように行われており，紛争ばかりの世の中であるかのように思えるが，実は，裁判所に申し立てられる事件は 20 年前の 6 割程度に減少している。

ところが，総数が大幅に減少しているのにもかかわらず，家庭裁判所が主に取り扱う「家事事件」だけが突出して急増しており，20 年前の

表 1–3　事件の分類と統計

年	民事・行政（件）	刑事（人）	家事（件）	少年（人）	計
1960	970,134	3,353,027	**336,057**	792,255	5,451,473
1980	1,469,848	2,696,551	**349,774**	587,784	5,103,957
2000	3,051,709	1,638,040	**560,935**	286,470	5,537,154
2020	1,350,254	852,267	**1,105,470**	52,765	3,360,756

（最高裁判所『裁判所データブック 2021』より作成）

約２倍に達している。背景には，離婚の減少幅が小さいこと，高齢化にともない認知症高齢者を対象とする成年後見事件が増加していること，死亡数の増加や「終活」の広がりを受けて相続や遺言をめぐる紛争が増加していることなどがある。

社会の高齢化は，今後も確実に進行する。したがって，今後も家事事件の増加傾向は続くであろう。

参考文献

我妻榮ほか『民法３　親族法・相続法［第４版］』（勁草書房，2020年）
本山敦ほか『家族法［第３版］』（日本評論社，2021年）
前田陽一ほか『民法Ⅵ　親族・相続［第６版］』（有斐閣，2022年）

2　家族の形成1〈夫婦〉

羽生香織

《学習のポイント》 元々は他人同士だった男女は，婚姻によって夫婦という特別な関係となる。法律上の夫婦であることによって，共同生活を営む上で重要な権利や義務が生じる。他方で，男女関係が多様化し，婚姻と似ているけれど非なる関係もある。家族の形成の基礎となる夫婦について検討する。
《キーワード》 婚姻，婚約，内縁，事実婚，夫婦の氏，同居協力扶助義務，貞操義務，嫡出推定，認知

1．婚姻の成立

(1) 夫婦となる

結婚すること，または夫婦となることを「婚姻」という。婚姻は，両性の合意のみに基づいて成立する（憲法24条）。しかし，(a) 当事者間に婚姻することについての合意があったとしても，(b)「婚姻することができない場合」（これを「婚姻障害」という）が定められており，さらに，(c)「届出」をしなければ，法律上有効な婚姻は成立しない。法律上有効に成立した婚姻のことを，単に「婚姻」,「法律婚」,「法律上の婚姻」という。

厚生労働省「人口動態統計」によると，令和2（2020）年の婚姻件数は52万5490組であった。婚姻件数は，昭和47（1972）年の109万9984組をピークに，昭和50年代以降は増加と減少を繰り返しながら推移し，平成21（2009）年からおおむね減少傾向にある。

(2) 婚姻意思

婚姻は両性の合意のみに基づいて成立するから，当事者間に「婚姻をする意思」（これを「婚姻意思」という）が必要である。当事者間に婚姻意思がないときは，婚姻は無効となる（民法742条1号）。

当事者間に婚姻意思がないときとは，「当事者間に真に社会観念上夫婦であると認められる関係の設定を欲する効果意思を有しない場合」である（実質的意思説，最判昭和44年10月31日）。したがって，子に嫡出性を付与する目的のみ，または在留資格を得る目的のみ，配偶者としての優遇措置を受ける目的のみを実現するための手段として婚姻を利用するにすぎず，婚姻の実体が存在しない場合には，当事者間に婚姻意思がないとして，婚姻は無効となる。

婚姻意思は，婚姻の届出の時に存在しなければならない。かつて当事者間に婚姻意思があったとしても，婚姻の届出の時までに一方の婚姻意思がなくなった場合には，他方が婚姻の届出をしても，当事者間に婚姻意思がないから婚姻は無効となる。

(3) 婚姻障害

当事者間に婚姻意思があるとしても，公益的・社会的な見地から，婚姻することができない場合が定められている。婚姻障害がある場合，婚姻の届出は受理されない（民法740条）。

(a) 婚姻適齢に達しない者の婚姻の禁止

婚姻することができる最低年齢（これを「婚姻適齢」という）は，男女ともに18歳である（民法731条）。

(b) 重婚の禁止

配偶者のある者は重ねて婚姻をすることができない（民法732条）。婚姻形態として，一夫一婦制が採用されている。配偶者のある者が重ねて婚姻をしたとき，刑法上の重婚罪となる（刑法 184 条前段）。

(c) 再婚禁止期間

女性は，前婚の解消または取消しの日から起算して 100 日を経過した後でなければ，再婚をすることができない（民法 733 条 1 項）。女性の再婚後に生まれた子について，婚姻の解消または取消しの日から 300 日以内に生まれた子は前夫の子と推定され，再婚の日から 200 日経過後に生まれた子は再婚後の夫の子と推定されることから，嫡出推定の重複を回避するために（民法 772 条），100 日の再婚禁止期間が必要となる。他方，婚姻解消または取消しの前から懐胎していた場合には，子が出生した後は嫡出推定の重複を回避することができる（子は前夫の子と推定される）ので，子が出生した日から再婚することができる（民法 733 条 2 項）。

令和 4（2022）年 10 月に国会に提出された「民法の一部を改正する法律案」（47 頁参照）は，嫡出推定制度を見直す規定（改正民法 772 条 1 項）を設けることに伴い，再婚禁止期間に関する民法 733 条等を削除する。

(d) 近親婚の禁止

直系血族の間（祖父母，父母，子，孫）または 3 親等内の傍系血族の間（兄弟姉妹，甥姪（おいめい）），直系姻族の間（配偶者の祖父母，父母，連れ子，連れ子の子），養親子の間の婚姻は禁止されている（民法 734 条，735 条，736 条）

(4) 届出

婚姻の成立には，法律に定められた一定の方式（手続）が必要である。これを法律婚主義という。わが国では，婚姻の成立には婚姻の届出（婚姻届を市役所や区役所などの窓口に提出する）が必要である。これ

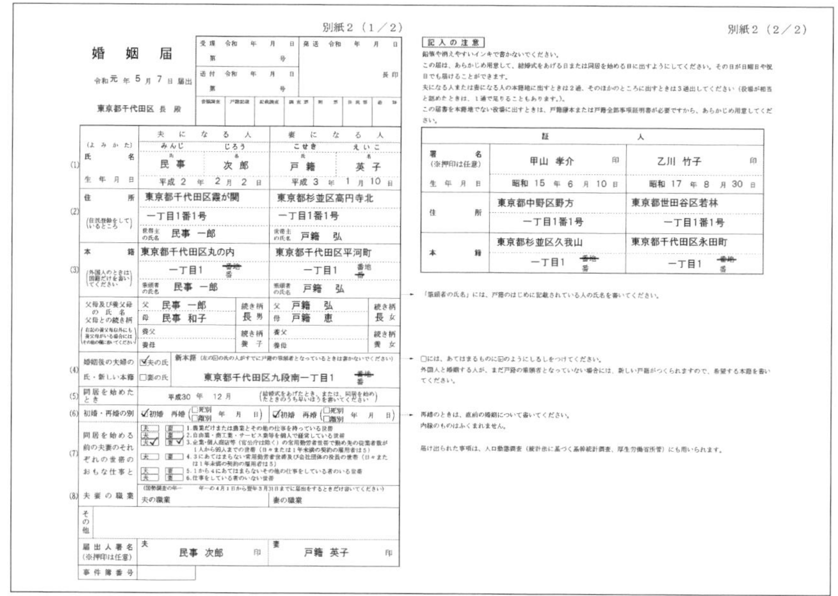

別紙2（1／2）

婚　姻　届

令和元年5月7日届出

東京都千代田区長　殿

受理　令和　年　月　日 第　号	発送　令和　年　月　日
送付　令和　年　月　日 第　号	長印

書類調査	戸籍記載	記載調査	調査票	附票	住民票	通知

		夫になる人		妻になる人	
(1)	（よみかた）	みんじ　じろう		こせき　えいこ	
	氏名	民事　次郎		戸籍　英子	
	生年月日	平成2年2月2日		平成3年1月10日	
(2)	住所（住民登録をしているところ）	東京都千代田区霞が関一丁目1番1号		東京都杉並区高円寺北一丁目1番1号	
	世帯主の氏名	民事　一郎		戸籍　弘	
(3)	本籍（外国人のときは国籍だけを書いてください）	東京都千代田区丸の内一丁目1番		東京都千代田区平河町一丁目1番地	
	筆頭者の氏名	民事　一郎		戸籍　弘	
	父母及び養父母の氏名 父母との続き柄（他の養父母は、その他の欄に書いてください）	父　民事　一郎 母　民事　和子	続き柄 長男	父　戸籍　弘 母　戸籍　恵	続き柄 長女
		養父 養母	続き柄 養子	養父 養母	続き柄 養女
(4)	婚姻後の夫婦の氏・新しい本籍	☑夫の氏 □妻の氏	新本籍（左の☑の氏の人がすでに戸籍の筆頭者となっているときは書かないでください） 東京都千代田区九段南一丁目1番		
(5)	同居を始めたとき	平成30年12月（結婚式をあげたとき、または、同居を始めたときのうち早いほうを書いてください）			
(6)	初婚・再婚の別	☑初婚　再婚（□死別 □離別　年　月　日）		☑初婚　再婚（□死別 □離別　年　月　日）	
(7)	同居を始める前の夫妻のそれぞれの世帯のおもな仕事と	□夫 □妻 1.農業だけまたは農業とその他の仕事を持っている世帯 □夫 □妻 2.自由業・商工業・サービス業等を個人で経営している世帯 ☑夫 ☑妻 3.企業・個人商店等（官公庁は除く）の常用勤労者世帯で勤め先の従業者数が1人から99人までの世帯（日々または1年未満の契約の雇用者は5） □夫 □妻 4.3にあてはまらない常用勤労者世帯及び会社団体の役員の世帯（日々または1年未満の契約の雇用者は5） □夫 □妻 5.1から4にあてはまらないその他の仕事をしている者のいる世帯 □夫 □妻 6.仕事をしている者のいない世帯			
(8)	夫妻の職業	（国勢調査の年…　年…の4月1日から翌年3月31日までに届出をするときだけ書いてください） 夫の職業		妻の職業	
	その他				
	届出人署名（※押印は任意）	夫　民事　次郎　印		妻　戸籍　英子　印	
	事件簿番号				

別紙2（2／2）

記入の注意

鉛筆や消えやすいインキで書かないでください。

この届は、あらかじめ用意して、結婚式をあげる日または同居を始める日に出すようにしてください。その日が日曜日や祝日でも届けることができます。

夫になる人または妻になる人の本籍地に出すときは2通、そのほかのところに出すときは3通出してください（役場が相当と認めたときは、1通で足りることもあります。）。

この届書を本籍地でない役場に出すときは、戸籍謄本または戸籍全部事項証明書が必要ですから、あらかじめ用意してください。

証人		
署名（※押印は任意）	甲山　孝介　印	乙川　竹子　印
生年月日	昭和15年6月10日	昭和17年8月30日
住所	東京都中野区野方一丁目1番1号	東京都世田谷区若林一丁目1番1号
本籍	東京都杉並区久我山一丁目1番	東京都千代田区永田町一丁目1番

「筆頭者の氏名」には、戸籍のはじめに記載されている人の氏名を書いてください。

□には、あてはまるものに☑のようにしるしをつけてください。
外国人と婚姻する人が、まだ戸籍の筆頭者となっていない場合には、新しい戸籍がつくられますので、希望する本籍を書いてください。

再婚のときは、直前の婚姻について書いてください。
内縁のものはふくまれません。

届け出られた事項は、人口動態調査（統計法に基づく基幹統計調査、厚生労働省所管）にも用いられます。

図2-1　婚姻届の記載例

出典：法務省ウェブサイト「夫の氏を称する場合の記載例」

を届出婚主義という。したがって，当事者間に婚姻意思があり，婚姻障害が存在しない場合であるとしても，婚姻の届出がなければ婚姻は成立しない。

条文上，婚姻の届出により婚姻の効力が生じる（民法739条）とされているが，婚姻の届出により婚姻が成立すると解されている。また，条文上，当事者が婚姻の届出をしないとき，婚姻は無効である（民法742条2号）とされているが，当事者が婚姻の届出をしないとき，婚姻は不成立であると解されている。

(5) 婚姻の無効

婚姻の無効原因として，①人違いその他の事由によって当事者間に婚姻をする意思がないとき（民法742条1号）と，②当事者が婚姻の届出をしないとき（民法742条2号）がある。

婚姻の無効原因が存在する場合，裁判などの特別の方式を経なくても，婚姻は当然に無効となる。婚姻が無効であることを確認するには，婚姻無効の訴えによる（人事訴訟法2条1号）。

2. 婚姻の効力

(1) 婚姻の効力

婚姻の成立により，夫婦間には様々な婚姻の効力が生じる。婚姻の効力として，人格に関わる効力および財産に関わる効力があり，さらに，姻族関係の発生（民法725条），嫡出推定（民法772条），配偶者相続権（民法890条）などがある。

(2) 婚姻の人格的効力

婚姻すると，婚姻の人格的効力－(a) 夫婦は同じ氏を称する，(b) 同居協力扶助の義務，(c) 貞操義務など－が生じる。

(a) 夫婦同氏の原則

夫婦は，婚姻の際に定めるところに従い，夫または妻の氏を称する（民法750条。「姓」や「名字」のことを法律上は「氏」という）。婚姻すると，夫婦は同じ氏を称しなければならない。これを夫婦同氏の原則という。

婚姻をしようとする者は，婚姻後の「夫婦が称する氏」を記載した上で婚姻を届け出る（戸籍法74条。婚姻届には，「婚姻後の夫婦の氏」という項目があり，「夫の氏」または「妻の氏」いずれかの欄にチェックをする）。「夫婦が称する氏」の記載のない届出は受理されない（民法 740 条）。

一方，夫婦同氏の原則によると，婚姻をしようとする者の一方は必ず氏を改めなければならない。現実には，夫の氏を選択し，女性が氏を改める例が圧倒的多数である。女性の社会進出などに伴い，氏を改めることによる社会的不利益やアイデンティティの喪失などが指摘されている。また，婚姻の際に氏を改めることを望まない当事者は，婚姻することができない。そのため，夫婦同氏の原則を定める民法 750 条が憲法違反であるかが問われた。2 件の判例は，合憲であると判示している（最判平成 27 年 12 月 16 日，最決令和 3 年 6 月 23 日）。

夫婦の氏に関する制度として，まず，夫婦同氏の他に，夫婦各々が婚姻前の氏を称する夫婦別氏などがあり，次に，夫婦同氏または夫婦別氏いずれかのみを認める（夫婦同氏の原則または夫婦別氏の原則），あるいは夫婦の希望に従い，夫婦同氏または夫婦別氏いずれかの選択を認める（選択的夫婦別氏）など，様々な制度設計がある。判例は，選択的夫婦別氏制度について，合理性がないとまで判断したものではなく，夫婦の氏に関する制度の在り方は，「国会で論ぜられ，判断されるべき事柄にほかならないというべきである」としている。

(b) 同居協力扶助義務

夫婦は同居し，相互に協力し扶助しなければならない（民法 752 条）。これらの義務は，夫婦が婚姻共同生活を維持する上で基本的な義務とされている。ただし，婚姻共同生活の多様化により，個々の夫婦の事情に応じて義務の内容を具体的に考慮しなければならない。

同居義務とは，夫婦として同じ家に住むことを義務付けるものである。同じ家に住んでいてもいわゆる家庭内別居の状態にある場合には，同居とはいえない。また，単身赴任や入院加療などの正当な理由なく同居を拒むこと（別居すること）は，同居義務違反となるだけでなく，悪意の遺棄として離婚原因となる（民法770条1項2号）。

協力義務とは，精神的・事実的に援助することを義務付けるものである。夫婦は家事や育児を協力して行わなければならない。

扶助義務とは，夫婦間の扶養義務を意味し，経済的に援助することを義務付けるものである。夫婦は相互に相手方に自己と同一水準の生活を保障すべき生活保持義務を負う。夫婦間が別居中であっても，婚姻が継続する限り，原則として扶助義務は消滅しない。

(c) 貞操義務

夫婦は，配偶者以外の異性と性的関係をもってはならない。これを貞操義務という。明文規定はないが，不貞行為（貞操義務に違反する行為）が離婚原因となることなどから（民法770条1項1号），夫婦は貞操義務を負うと解される。

夫婦の一方が不貞行為をした場合，他方は一方に対して不法行為（民法709条）を理由とする損害賠償（慰謝料）を請求することができる。また，他方は不貞行為の相手方（貞操義務違反に関与した第三者）に対して不法行為に基づく損害賠償（慰謝料）を請求することができる（最判昭和54年3月30日）。ただし，不貞行為は「婚姻共同生活の平和の維持という権利又は法的保護に値する利益を侵害する行為」であるから，不貞行為の当時，婚姻関係が破綻していた場合には，不貞行為の相手方の損害賠償責任は成立しない（最判平成8年3月26日）。

(3) 婚姻の財産的効力

婚姻中の夫婦各々の財産については，共同生活のために必要な費用を夫婦各々がどのように負担するのか，夫婦各々が婚姻前からもっている財産や婚姻中に取得した財産が夫婦いずれの財産であるのか，夫婦の一方が第三者との間でなした法律行為から生じた債務が夫婦いずれの負担となるのか等のルールを決める必要がある。このような夫婦の財産関係に関するルールを夫婦財産制といい，民法は約定財産制と法定財産制という2つの枠組を定めている。

約定財産制では，夫婦間の財産関係について，夫婦は契約によって自由に取り決めることができる。この契約を夫婦財産契約という（民法755条～759条）。夫婦財産契約が締結されていない場合は，民法の規定に従う。これを法定財産制という。現実には，夫婦間で夫婦財産契約が締結されている例は稀であり，ほとんどの夫婦は法定財産制に従う。

法定財産制は，(a) 別産制，(b) 婚姻費用の分担，(c) 日常家事債務の連帯責任を定める。

(a) 別産制

夫婦各々が婚姻前から有する財産および婚姻中に自己の名で得た財産は，各々の特有財産（夫婦の一方が単独で有する財産）とされる（民法762条1項)。これを別産制という。例えば，夫が，婚姻前および婚姻中に，相続により承継した財産，贈与により受けた財産，自分で働いて得た給与，自己の給与により購入した不動産，自動車，家具，家電製品，自己の給与を金融機関に預け入れた預貯金，自己が所有するアパートから発生した賃料などは，夫の財産（夫に帰属し，夫が管理する財産）である。そして，夫婦のいずれに属するか明らかではない財産については，夫婦の共有に属するものと推定される（民法762条2項)。

(b) 婚姻費用の分担

夫婦は，その資産，収入その他一切の事情を考慮して，婚姻から生ずる費用（婚姻費用）を分担する義務を負う（民法760条)。扶助義務（民法752条）との関係について，両規定は観念的には一応区別できるとしても，本質的・機能的には同一と解されている。実務上，夫婦の一方が他方に対して生活費を求める場合，民法760条に基づく婚姻費用分担請求による。

婚姻費用とは，夫婦とその子が婚姻共同生活を営むために必要とされる費用である。具体的には，衣食住に関わる費用，子の養育や教育に関わる費用，医療費などがある。夫婦間で婚姻費用をどのように分担するかは，当事者の協議により決定する。協議が調わないときは，家庭裁判所の審判または調停により決定する。婚姻費用の具体的な分担額を定めるに際して，いわゆる「標準算定方式・算定表（令和元年版）」（司法研修所編『養育費，婚姻費用の算定に関する実証的研究』（法曹会，2019年））が活用されている。例えば，妻（権利者，年収250万円）が，別居した夫（義務者，年収750万円）に対して婚姻費用を求める場合（夫婦間に子どもはいない），「算定表に基づく標準的な婚姻費用（表2-1）」の「給与」欄にある横軸「250」と，縦軸「750」の交点「8～10万円」が標準的な婚姻費用の額である。ただし，裁判所では，算定表から算出された額について，個別具体的な事情を考慮した上で，最終的な婚姻費用の額を定めている。

現実には，婚姻費用の分担が問題となるのは，夫婦が別居している場合である。夫婦が別居し，婚姻関係が破綻しているとしても，夫婦は扶助義務を負う（民法752条）ことから，一方（請求者・権利者）は他方（相手方・義務者）に対して婚姻費用の分担を請求することができる（他方は婚姻費用の分担義務を負う）と解される。ただし，裁判例では，婚姻破綻の程度および別居や婚姻破綻の有責性などを考慮して，義務者の婚姻費用分担義務を軽減・否定するものがある。

(c) 日常家事債務の連帯責任

夫婦が婚姻共同生活を営むためには，食料品や日用品の購入のための

表 2-1　算定表に基づく標準的な婚姻費用

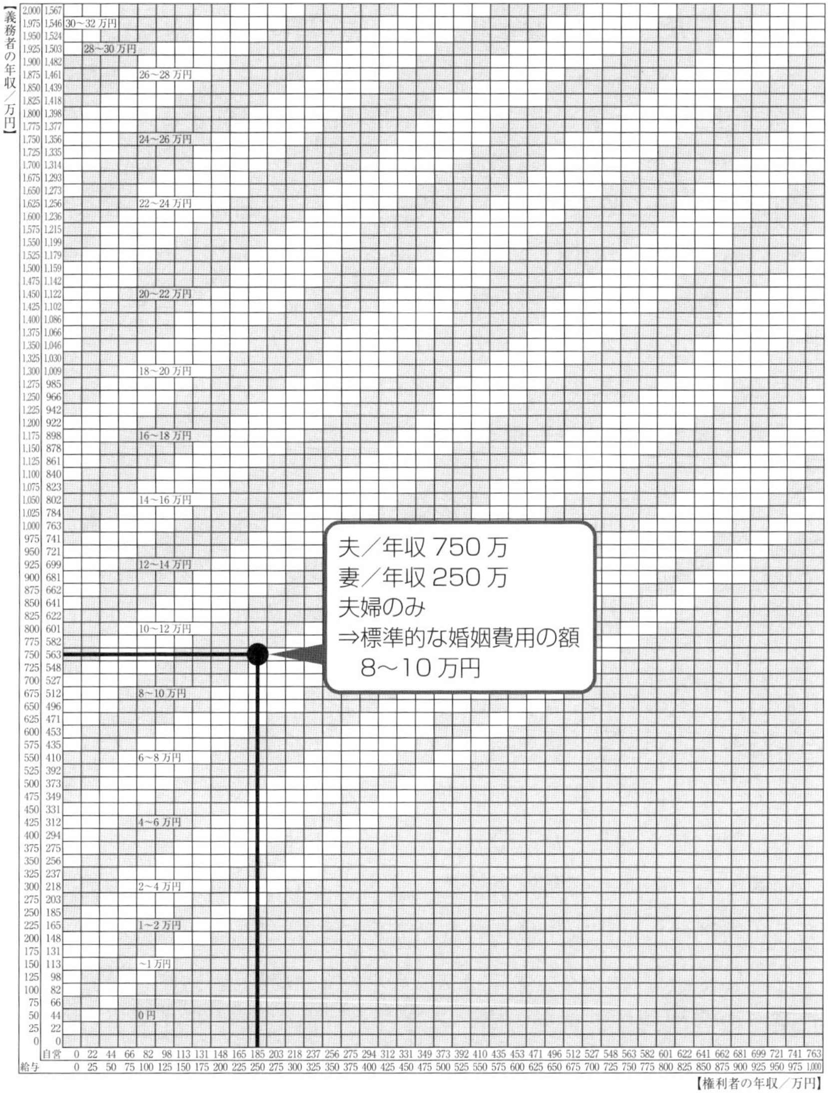

【義務者の年収／万円】

給与	自営	
2,000	1,567	
1,975	1,546	30～32 万円
1,950	1,524	
1,925	1,503	28～30 万円
1,900	1,482	
1,875	1,461	26～28 万円
1,850	1,439	
1,825	1,418	
1,800	1,398	
1,775	1,377	
1,750	1,356	24～26 万円
1,725	1,335	
1,700	1,314	
1,675	1,293	
1,650	1,273	
1,625	1,256	22～24 万円
1,600	1,236	
1,575	1,215	
1,550	1,199	
1,525	1,179	
1,500	1,159	
1,475	1,142	
1,450	1,122	20～22 万円
1,425	1,102	
1,400	1,086	
1,375	1,066	
1,350	1,046	
1,325	1,030	
1,300	1,009	18～20 万円
1,275	985	
1,250	966	
1,225	942	
1,200	922	
1,175	898	16～18 万円
1,150	878	
1,125	861	
1,100	840	
1,075	823	
1,050	802	14～16 万円
1,025	784	
1,000	763	
975	741	
950	721	
925	699	12～14 万円
900	681	
875	662	
850	641	
825	622	
800	601	10～12 万円
775	582	
750	563	
725	548	
700	527	
675	512	8～10 万円
650	496	
625	471	
600	453	
575	435	
550	410	6～8 万円
525	392	
500	373	
475	349	
450	331	
425	312	4～6 万円
400	294	
375	275	
350	256	
325	237	
300	218	2～4 万円
275	203	
250	185	
225	165	1～2 万円
200	148	
175	131	
150	113	~1 万円
125	98	
100	82	
75	66	
50	44	0 円
25	22	
0	0	

自営	0	22	44	66	82	98	113	131	148	165	185	203	218	237	256	275	294	312	331	349	373	392	410	435	453	471	496	512	527	548	563	582	601	622	641	662	681	699	721	741	763
給与	0	25	50	75	100	125	150	175	200	225	250	275	300	325	350	375	400	425	450	475	500	525	550	575	600	625	650	675	700	725	750	775	800	825	850	875	900	925	950	975	1,000

【権利者の年収／万円】

夫／年収 750 万
妻／年収 250 万
夫婦のみ
⇒標準的な婚姻費用の額
8～10 万円

（裁判所ウェブサイト「（表 10）婚姻費用・夫婦のみの表」より）

契約，住居を賃貸するための契約，電気ガス水道の供給のための契約，子どもの養育・教育のための契約，借金のための契約などが必要である。これら婚姻共同生活を営むために必要とされる一切の事務のことを「日常家事」という。そして，日常家事に関する契約から債務（代金や賃料の支払債務，借金の返済債務など）が生じる。

別産制（民法 762 条 1 項）を前提とすると，夫婦の一方が第三者との法律行為（契約は法律行為の一つである）により生じた債務は，契約の当事者である夫婦の一方のみが負うことになる。したがって，他方は責任を負わない。しかし，夫婦の一方と取引をした相手方は，日常家事に関する法律行為に基づく取引については，夫か妻かではなく夫婦双方を相手方と捉え，夫婦が共同で責任を負うものと期待するのが通常である。

そこで，取引の相手方保護のため，別産制の例外として，夫婦の一方が日常家事に関して第三者と法律行為をしたときは，他の一方は，その法律行為によって生じた債務（これを「日常家事債務」という）について，連帯して責任を負う（民法 761 条)。つまり，日常家事に関する法律行為は，夫の名義にせよ妻の名義にせよ，夫婦双方が債務を負担することになる。判例は，民法 761 条について，夫婦が連帯責任を負う前提として，夫婦は相互に日常の家事に関する法律行為について他方を代理する権限を有するとした（最判昭和 44 年 12 月 18 日)。

問題となるのは，日常家事債務に該当するのか（日常家事の範囲）である。判例は，日常家事債務の判断基準について，個々の夫婦の社会的地位，職業，資産，収入等という個別的な事情および法律行為の種類，性質等の客観的な事情を考慮するとした（前掲最判昭和 44 年 12 月 18 日)。日常家事行為該当性が争われた近時の裁判例として，妻が夫名義でした NHK 放送受信契約を締結した事案（札幌高判平成 22 年 11 月 5

日），別居中の妻が夫名義の定期預金を解約した事案（大津地判平成16年1月9日），妻が子のために学習用教材の購入契約に係る立替払契約を締結した事案（八女簡判平成12年10月12日），妻が子のために英語教材の購入契約に係る立替払契約を締結した事案（東京地判平成10年12月2日）等がある。

このように，日常家事債務の該当性を判断し，該当するならば，夫婦は連帯して責任を負う。他方，日常家事債務に該当しない場合（日常家事の範囲を超える場合）には，夫婦の連帯責任は生じない。しかし，日常家事の範囲を超える場合であっても，相手方が，日常家事に該当すると信じた場合にはどのようにして相手方の信頼を保護するのかが問題となる。判例は，夫婦の一方が日常家事に関する代理権の範囲を超えて第三者と法律行為をした場合に，「その代理権の存在を基礎として広く一般に民法110条所定の表見代理[1)]の成立を肯定することは，夫婦の財産的独立を損なうおそれがあって，相当でない」との立場から，「当該越権行為の相手方である第三者においてその行為が当該夫婦の日常の家事に関する法律行為の範囲内に属すると信ずるにつき正当の理由のある時にかぎり，民法110条の趣旨を類推適用」[2)]して，その第三者の保護を図れば足りる」とした（前掲最判昭和44年12月18日）。

---

1)　代理とは，代理人が，本人に代わって，本人のために法律行為をすることをいう。代理の効果として，代理人がした法律行為の効果は本人に帰属する。このような代理の効果を生じさせるためには，①代理人が「本人のためにすることを示して」（これを「顕名（けんめい）」という），②相手方との間で意思表示をしたこと（これを「代理行為」という）と，③代理人が本人を代理する権限（これを「代理権」という）を有することという要件を満たさなければならない（民法99条）。この3つの要件のうち，③代理権がなかった場合を無権代理といい，代理人がした無権代理行為の効果は本人に帰属しない。ただし，本人が相手方に対して代理人がした無権代理行為を追認したときは，無権代理行為の効果は本人に帰属する（民法113条1項）。例外として，本人が無権代理行為を追認しなかった場合であっても，相手方が「代理人に代理権がある」と信じたことについて正当な理由があった場合には，無権代理行為の効果は本人に帰属する（民法110条）。これを表見代理という。

2)　類推適用とは，ある条文が想定している場面と類似する場面について，その条文が定めるすべての要件を満たしていなくても，同一の効果を認める法解釈をいう。

3. 婚姻外の男女関係

(1) 婚約

婚約とは，一般的に，男女間の将来婚姻しようという約束をいう。法律上，婚約とは婚姻という本契約の予約契約であると解することから，婚約のことを「婚姻予約」という。民法には婚約に関する規定は存在しないため，婚姻前の男女関係をどのように保護するかが問題となる。

婚姻予約は，男女間の将来婚姻しようという合意により成立する。結納や婚約指輪の交換等の儀式は，婚姻予約の成立を証明する事実となるにすぎない。

婚姻予約が成立したならば，当事者は互いに婚姻を成立させるよう努める義務を負う。しかし，当事者の一方が婚姻の成立を拒む場合，その意思に反して婚姻の成立を強制することはできない（婚姻は両性の合意のみに基づいて成立すると定める憲法 24 条，当事者間に婚姻する意思がないとき婚姻は無効であると定める民法 742 条 1 号）。もっとも，当事者の一方が正当な事由なく婚約を解消した場合（これを「婚約の不当破棄」という）には，婚約を不当破棄された他方は，婚約を破棄した一方に対して，債務不履行（民法 415 条）または不法行為（民法 709 条）を理由に，婚約の解消により生じた損害の賠償を求めることができる。

(2) 内縁

婚姻意思があり，婚姻共同生活を営み，社会的には夫婦と認められていても，婚姻の届出（民法 739 条）がなければ，法律上の婚姻とは認められない。婚姻の届出がないため，法律上は夫婦と認められない男女関係を「内縁」という。「内縁夫婦」「内縁配偶者」「内縁の夫／妻」ともいう。

内縁の発生原因は様々であるが，明治民法下では，「嫁が跡継ぎの男子を妊娠・出産できるか」「嫁が家風に合うか」を試してから届出をする婚姻慣習があったことや，戸主の同意がなければ婚姻できなかった等の自らの意思とは無関係の理由により，婚姻の届出をしない内縁が生じた。民法には内縁に関する規定が存在しないため，内縁をどのように保護するかが問題となる。

(3) 準婚理論

内縁は，婚姻の届出がないため，法律上の婚姻ということはできない。しかし，男女が互いに協力して夫婦としての生活を営む結合であるという点では，法律上の婚姻と異なるものではないから，内縁は「婚姻に準ずる関係」である（最判昭和33年4月11日）。このように，判例は，内縁を婚姻に準ずる関係（準婚関係）として，内縁配偶者に，婚姻の効力に関する規定（同居協力扶助義務に関する民法752条，婚姻費用分担に関する民法760条，貞操義務等）を類推適用することを認めてきた。これを準婚理論という。

しかし，民法725条（姻族関係の発生に関する規定），民法750条（夫婦同氏の原則に関する規定），民法772条（父子関係の推定に関する規定），民法890条（配偶者相続権に関する規定）等は婚姻固有の効力として，内縁への類推適用は認められない。

(4) 内縁の解消と財産

内縁は，当事者間の合意または一方の死亡により解消される。内縁の解消に際して，内縁中に形成された財産を清算する必要や，経済力のない一方の内縁の解消後の生活を保障する必要がある。

(a) 生前解消

内縁は，当事者の合意または共同生活の終了により解消される。内縁が当事者の生存中に解消される場合，婚姻と異なり，離婚という手続（民法770条）は必要ない。また，準婚理論により，離婚の際の財産分与に関する民法768条が類推適用される（最決平成12年3月10日の傍論部分）。したがって，内縁夫婦の一方は他方に対して財産分与を請求することができる。

なお，一方当事者が正当な理由なく内縁を解消した場合，他方は一方に対して損害賠償（慰謝料）を請求することができる。

(b) 死亡解消

内縁は，一方当事者の死亡により解消される。生存内縁配偶者について，配偶者相続権に関する民法890条を類推適用することは認められていない。そこで，離婚の際の財産分与に関する民法768条を類推適用することができるかが問題となる。

判例は，民法上，婚姻の生前解消の場合は財産分与，死亡解消の場合は相続として，財産の処理方法を区別していることを理由に，内縁の死亡解消の場合に民法768条を類推適用することはできないとした（最決平成12年3月10日）。したがって，生存内縁配偶者は，死亡した一方の財産を取得することはできない。

ただし，死亡した一方当事者に相続人がいない場合には，生存内縁配偶者は特別縁故者として財産の分与を家庭裁判所に請求することができる（民法958条の2）。

学習課題

1. 最判平成 27 年 12 月 16 日，最決令和 3 年 6 月 23 日を読み，最高裁判所が，夫婦同氏の原則を定める民法 750 条の合憲性について，どのような理由に基づいて合憲とする判断を示したかを調べてみよう。また，選択的夫婦別氏制の導入に関する賛成意見と反対意見を調べてみよう。
2. 現代的な内縁を一般的に「事実婚」と表現する。夫婦別氏の実践や家意識（嫁役割・妻役割）に対する批判などの主張の下に，自らの意思で婚姻の届出をしない点において伝統的な内縁と大きく異なる。当事者の積極的な選択による事実婚に対して，伝統的な内縁と同様に，婚姻に準じた関係として準婚理論による保護を認めることはかえって事実婚当事者の意思に反するから，準婚理論によって事実婚を保護する必要はないとの主張がある。あなたはこの主張についてどのように考えるか。

参考文献

柳田國男『婚姻の話』（岩波書店，2017 年）
滝沢聿代『選択的夫婦別氏制　これまでとこれから』（三省堂，2016 年）

3　家族の形成２〈親子〉

羽生香織

《学習のポイント》　生まれた子の親は誰か。血縁を有する者（DNA が合致する者）なのか，自分の子であると認める者なのか，子を養育する者なのか―法により定められた親は誰かについて学ぶ。

《キーワード》　実親子，養親子，生殖補助医療，親子鑑定

1．法律上の親子関係

親は子を養育する責任を有する（民法 818 条 1 項，「第 5 章　家族と子ども」参照）。だから，法は親が誰であるかを定めている。法により定められた親子関係を「法律上の親子関係」という（「親子であること」を「親子関係がある（親子関係を有する）」という。同様に，母子であることを「母子関係がある」，父子であることを「父子関係がある」という。）。

親子関係には，一定の事実関係を前提に当然に存在する実親子関係と，養子縁組により人為的に形成する養親子関係がある。それぞれ実親子（実親・実子），養親子（養親・養子）という。

また，現在では，医療技術の進歩により，自然生殖ではなく，生殖補助医療（人工生殖）を用いて子を妊娠・出産することが可能になった。そこで，生殖補助医療により生まれた子の親が誰であるかについてルールを定めなければならない。

なお，子が生まれたとき，その子を戸籍や住民票等に記載するため，

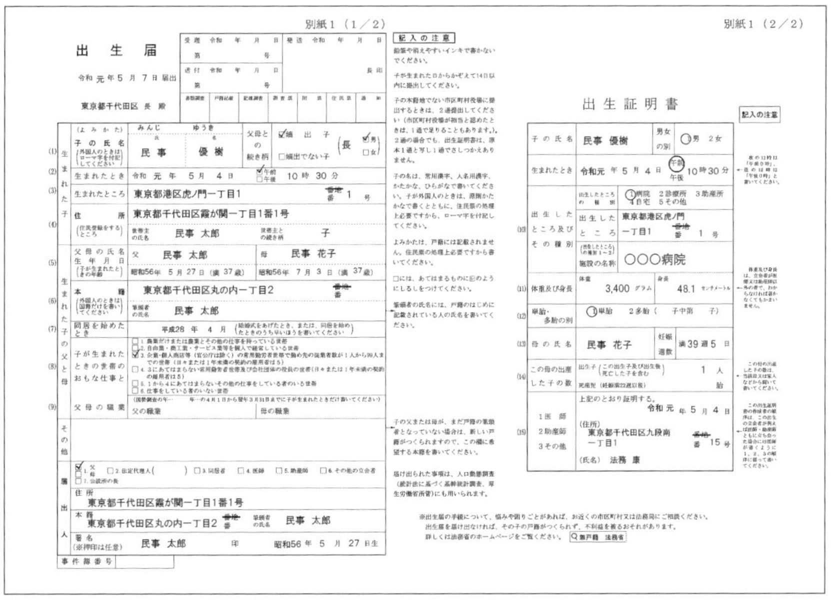

別紙1（1／2）

出　生　届

令和元年5月7日届出

東京都千代田区長 殿

受理 令和 年 月 日 第 号　発送 令和 年 月 日
送付 令和 年 月 日 第 号　長印
書類調査　戸籍記載　記載調査　調査票　附票　住民票　通知

(1)	生まれた子	子の氏名（外国人のときはローマ字を付記してください）（よみかた）	みんじ ゆうき　氏 民事　名 優樹　父母との続き柄 ☑嫡出子 □嫡出でない子（長 ☑男 □女）
(2)		生まれたとき	令和元年5月4日 ☑午前 □午後 10時30分
(3)		生まれたところ	東京都港区虎ノ門一丁目1 番 1 号
(4)		住所（住民登録をするところ）	東京都千代田区霞が関一丁目1番1号　世帯主の氏名 民事 太郎　世帯主との続き柄 子
(5)	生まれた子の父と母	父母の氏名 生年月日（子が生まれたときの年齢）	父 民事 太郎 昭和56年5月27日（満37歳）　母 民事 花子 昭和56年7月3日（満37歳）
(6)		本籍（外国人のときは国籍だけを書いてください）	東京都千代田区丸の内一丁目2 番　筆頭者の氏名 民事 太郎
(7)		同居を始めたとき	平成28年4月（結婚式をあげたとき、または、同居を始めたときのうち早いほうを書いてください）
(8)		子が生まれたときの世帯のおもな仕事と	□1. 農業だけまたは農業とその他の仕事を持っている世帯 □2. 自由業・商工業・サービス業等を個人で経営している世帯 ☑3. 企業・個人商店等（官公庁は除く）の常用勤労者世帯で勤め先の従業者数が1人から99人までの世帯（日々または1年未満の契約の雇用者は5） □4. 3にあてはまらない常用勤労者世帯及び会社団体の役員の世帯（日々または1年未満の契約の雇用者は5） □5. 1から4にあてはまらないその他の仕事をしている者のいる世帯 □6. 仕事をしている者のいない世帯
(9)		父母の職業	（国勢調査の年… 年…の4月1日から翌年3月31日までに子が生まれたときだけ書いてください）父の職業　母の職業
	その他		
	届出人		☑1. 父 □母 □2. 法定代理人（ ） □3. 同居者 □4. 医師 □5. 助産師 □6. その他の立会者 □7. 公設所の長
		住所	東京都千代田区霞が関一丁目1番1号
		本籍	東京都千代田区丸の内一丁目2 番　筆頭者の氏名 民事 太郎
		署名（※押印は任意）	民事 太郎 印　昭和56年5月27日生
	事件簿番号		

記入の注意

鉛筆や消えやすいインキで書かないでください。

子が生まれた日からかぞえて14日以内に提出してください。

子の本籍地でない市区町村役場に提出するときは、2通提出してください（市区町村役場が相当と認めたときは、1通で足りることもあります。）。2通の場合でも、出生証明書は、原本1通と写し1通でさしつかえありません。

子の名は、常用漢字、人名用漢字、かたかな、ひらがなで書いてください。子が外国人のときは、原則かたかなで書くとともに、住民票の処理上必要ですから、ローマ字を付記してください。

よみかたは、戸籍には記載されません。住民票の処理上必要ですから書いてください。

□には、あてはまるものに☑のようにしるしをつけてください。

筆頭者の氏名には、戸籍のはじめに記載されている人の氏名を書いてください。

子の父または母が、まだ戸籍の筆頭者となっていない場合は、新しい戸籍がつくられますので、この欄に希望する本籍を書いてください。

届け出られた事項は、人口動態調査（統計法に基づく基幹統計調査、厚生労働省所管）にも用いられます。

別紙1（2／2）

出 生 証 明 書

記入の注意

	子の氏名	民事 優樹	男女の別 ①男 2女
	生まれたとき	令和元年5月4日 午前（○）午後 10時30分	
(10)	出生したところ及びその種別	出生したところの種別	①病院 2診療所 3助産所 4自宅 5その他
		出生したところ	東京都港区虎ノ門一丁目1 番 1 号
		（出生したところの種別1〜3）施設の名称	○○○病院
(11)	体重及び身長	体重 3,400 グラム	身長 48.1 センチメートル
(12)	単胎・多胎の別	①単胎 2多胎（ 子中第 子）	
(13)	母の氏名	民事 花子	妊娠週数 満39週5日
(14)	この母の出産した子の数	出生子（この出生子及び出生後死亡した子を含む） 1 人　死産児（妊娠満22週以後） 胎	
(15)	1医師 2助産師 3その他	上記のとおり証明する。令和元年5月4日（住所）東京都千代田区九段南一丁目1 番 15 号（氏名）法務 康	

夜の12時は「午前0時」、昼の12時は「午後0時」と書いてください。

体重及び身長は、立会者が医師又は助産師以外の者で、わからなければ書かなくてもかまいません。

この母の出産した子の数は、当該母又は家人などから聞いて書いてください。

この出生証明書の作成者の順序は、この出生の立会者が例えば医師・助産師ともに立ち会った場合には医師が書くように1、2、3の順序に従って書いてください。

※出生届の手続について、悩みや困りごとがあれば、お近くの市区町村又は法務局にご相談ください。
出生届を届け出なければ、その子の戸籍がつくられず、不利益を被るおそれがあります。
詳しくは法務省のホームページをご覧ください。 無戸籍 法務省

図 3-1　出生届の記載例（嫡出子）

出典：法務省ウェブサイト「嫡出子の場合」

出生の日から14日以内に，出生の届出をしなければならない（出生届，戸籍法49条1項。図3-1）。

厚生労働省「人口動態統計」によると令和2（2020）年の出生数は84万832人であった。出生数は，第2次世界大戦後の昭和24（1949）年の269万6638人をピークに，昭和50年以降は減少と増加を繰り返しながら減少傾向が続いている。また，令和元（2019）年の出生総数に占める嫡出でない子の割合は2.3%であった。第2次世界大戦後の昭和22（1947）年には3.8%であったが，その後1.0%前後に激減し，平成24（2016）年以降は2%台で推移している。

2. 実親子関係：母子関係

(1) 分娩の事実

母は，子を分娩した女性である。母子関係は，子を分娩した事実があれば当然に発生する（最判昭和 37 年 4 月 27 日）。子を懐胎（妊娠）し分娩（出産）した女性は，生まれた子を認知するまでもなく，子の母である（つまり，母の認知を規定する民法 779 条の存在意義を失わせる解釈を採る）。したがって，子は生まれた時点で母が定まる。

(2) 父子関係

父子関係は，母子関係と異なり，分娩の事実のような客観的な事実に基づいて確定することが困難である。そこで，民法は，婚姻関係を基礎として父子関係を定める構造をもつ。

夫婦の貞操義務や同居義務から，母が婚姻中に懐胎した子は，母の夫の子である蓋然性が高い。したがって，子の懐胎時期を基準に父子関係を推定することで，生まれた子の父が誰であるかを早期に確定させる仕組みが嫡出推定（民法 772 条）である。

他方，子の懐胎時に母が婚姻していなかった場合，生まれた子が自分の子であると認める者を父とする仕組みが認知（民法 779 条）である。

3. 実親子関係：父子関係－嫡出子の親子関係

(1) 嫡出推定

(a) 父性推定

婚姻の成立の日から 200 日を経過した後，または，婚姻の解消（離婚，死別）もしくは婚姻の取消しの日から 300 日以内に生まれた子は婚姻中に懐胎したものと推定した上で（民法772条2項），妻が婚姻中に懐胎した子は夫の子であると推定する（民法772条1項）。この父性推定は，嫡出推定の機能の1つである。

(b) 嫡出性の付与

嫡出推定のもう1つの機能は，嫡出性の付与である。子の身分（法的地位）を示す概念として，嫡出子・非嫡出子がある（民法790条では「嫡出である子」・「嫡出でない子」という表現が用いられている）。婚姻中の妻が懐胎し，夫の子と推定される子は嫡出子の身分を取得する。他方，嫡出推定されない子は非嫡出子である。ただし，判例は，嫡出推定されない子でも，一定の場合には，嫡出子として扱うことを認めている。また，非嫡出子は，一定の要件を満たすことで，嫡出子の身分を取得する（準正，民法789条）。

嫡出子であるか，非嫡出子であるかは，父子関係の成立に関して異なる取扱いがなされる。また，氏や親権の帰属等に関して異なる取扱いがなされるが，その他の法律効果に異なるところはない。

(c) 法改正の見通し

法制審議会は，令和4（2022）年2月，「民法（親子法制）等の改正に関する要綱」を決定し，法務大臣に答申した。この要綱に基づいて立案された「民法等の一部を改正する法律案」（以下，「改正法案」という）は，同年10月14日の閣議決定に基づき，同日第210回国会（臨時会）に提出された。衆議院及び参議院の両議院で改正法案について審議し，可決したとき，法律として成立する。法律の成立後，法律は公布される。成立した法律を国民に周知させるための一定期間をおいた後，法律は施行される。

改正法案は，嫡出推定について，①父性推定に関して，妻が婚姻中に懐胎した子は，当該婚姻における夫の子と推定するだけでなく，女が婚姻前に懐胎した子であって，婚姻が成立した後に生まれた子も，夫の子と推定する規定（改正民法 772 条 1 項）を設け，この場合において，②懐胎期間の推定に関して，婚姻の成立の日から 200 日以内に生まれた子は，婚姻前に懐胎したものと推定し，婚姻の成立の日から 200 日を経過した後または婚姻の解消もしくは取消しの日から 300 日以内に生まれた子は，婚姻中に懐胎したものと推定する規定（同条 2 項），③父性推定の例外として，女が子を懐胎した時から子の出生の時までの間に 2 以上の婚姻をしていたときは，その子は，その出生の直近の婚姻における夫の子と推定する規定（同条 3 項，4 項）等を設けている。

(2) 嫡出否認

(a) 父子関係の否定

婚姻中の妻が懐胎し，生まれた子であっても，その子の父は夫ではないという場合がある。このとき，嫡出推定が及ぶ子の父子関係を否定することを嫡出否認という。民法は，限定的な要件の下で嫡出否認を認める。

否認することができる者（否認権者）は，夫のみである（民法 774 条）。否認する方法（否認権を行使する方法）は，嫡出否認の訴えによって行う（民法 775 条）。嫡出否認の訴えは，子の出生を知った時から 1 年以内に提起しなければならない（民法 777 条）。

夫が提訴期間内に否認権を行使しなったときは，民法 772 条により推定された父子関係は法律上の親子関係として確定し，何人も争うことはできない。

(b) 法改正の見通し

令和 4（2022）年 10 月に国会に提出された改正法案（47 頁参照）は，嫡出否認について，①否認権者に関して，夫だけでなく，子，親権を行う母，前夫等にも否認権を認める規定（改正民法774条），②嫡出否認の訴えの出訴期間に関して，出訴期間を3年に伸長し，その起算点を，父の否認権は「父が子の出生を知った時」から，子の否認権は「その出生の時」から（特則として，一定の要件を満たす場合には，子が21歳に達するまでの間），母の否認権は「子の出生の時」から，前夫の否認権は「前夫が子の出生をした時」からとする規定（改正民法777条，778条，778条の2）等を設けている。

(3) 推定の及ばない子

妻が子を懐胎した時期に，既に夫婦が事実上の離婚をして夫婦の実態が失われていたり，または遠隔地に居住して，夫婦間に性的関係を持つ機会がなかったことが明らかな事情が存在したりするときは，夫によって妻が懐胎した可能性が存在しない以上，夫の子であると推定することはできない。判例は，このような場合，生まれた子は，「実質的には民法772条の推定を受けない嫡出子」であるから，嫡出否認の訴えではなく，親子関係不存在確認の訴え（人事訴訟法2条2号）を提起することにより，法律上の父子関係を争うことができるとした（最判昭和44年5月29日，最判平成26年7月17日）。このような子を「推定の及ばない子」という。

どのような場合に推定の及ばない子とされるのかについて，学説や判例は対立している。外観説は，妻が夫の子を懐胎し得ないことが外観上明白である場合に民法772条の適用が排除されるとする。例えば，夫の海外赴任，収監，失踪，長期間の別居の場合が該当する。対して，血縁説は，外観説が挙げる場合の他に，血液鑑定やDNA鑑定により科学的・客観的にみて生物学的父子関係が存在しない場合にも民法772条の適用が排除されるとする。科学技術が進歩した現在では，DNA鑑定の結果に基づいて民法772条の適用を排除することが認められるべきであるとする考え方もあるが，判例は，子の身分の法的安定を重視して，一貫して外観説の立場を採る（前掲・最判平成26年7月17日）。

なお，令和4（2022）年10月に国会に提出された改正法案（47頁参照）が成立した場合，前夫との離婚後300日以内に生まれた子であっても，母が再婚した後に生まれた子は，現夫（再婚後の夫）の子と推定される（改正民法772条3項）。

4. 実親子関係：父子関係－非嫡出子の親子関係

(1) 父子関係

子の懐胎時に母が婚姻していなかった場合，父の認知により父が定まる。父の認知には，父が自分の子であることを認める任意認知と，子が父に対して認知の訴えを提起し，判決または審判により子の父であることを確定させる強制認知（裁判認知）がある。

(2) 任意認知

(a) 認知の方法

任意認知は，父が生まれた子との父子関係を認め，法律上の親子関係を発生させる法律行為である（民法779条）。父に意思能力があれば，未成年者や成年被後見人でも認知をすることができ，法定代理人の同意は不要である（民法780条）。認知をするには，父が認知を届け出る（民法781条1項，戸籍法60条）。または，父が遺言で認知する（遺言認知，民法781条2項，遺言執行者による認知の届出，戸籍法64条）。

原則として，認知される子の同意は不要である。ただし，認知される子が成年であるときは，その子の承諾が必要である（民法782条）。また，胎児を認知することもできるが，その場合には，認知される子（胎児）の母の承諾が必要である（胎児認知，民法783条1項）。認知される子が既に死亡している場合，その子に直系卑属があるときに限り認知することができる。直系卑属が成年であるときは，その承諾が必要である（民法783条2項）。

なお，令和4（2022）年10月に国会に提出された改正法案（47頁参照）は，嫡出推定制度を見直す規定（改正民法772条1項）を設けることに伴い，婚姻前に胎児認知がされていた場合において，母が子の出生前に婚姻をしたときは，嫡出推定を及ぼす規定（同783条2項）を設けている。

(b) 認知の無効

認知の届出があったとしても，子その他の利害関係人は，認知に対して反対の事実を主張することができる（民法786条）。反対の事実を主張する訴えを，認知無効の訴えという（人事訴訟法2条2号）。例えば，①父に無断で，母が父の名前を使用して認知の届出をした場合，認知者の意思に基づかない届出であるから，認知者と認知された子との間に生物学的親子関係があるときであっても認知は無効である。②認知者と認知された子との間に生物学的親子関係がないことが明らかになった場合，真実に基づかない認知であるから，認知は無効である。これらの場合，認知無効の訴えを提起し，判決または審判により子の父ではないことを確定させる。また，自分の子ではないこと（生物学的親子関係がないこと）を知りながら真実に基づかない認知をした認知者も，真実に基づかない認知であることを理由として，認知の無効を主張することができる。

(c) 法改正の見通し

令和4（2022）年10月に国会に提出された改正法案（47頁参照）は，

認知の無効の訴えについて，①認知の無効を主張することができる主張権者に関して，子またはその法定代理人，認知をした者，子の母と明記し，②認知の無効の訴えの出訴期間を7年に制限し，その起算点を，子またはその法定代理人は「子またはその法定代理人が認知を知った時」から（特則として，一定の要件を満たす場合には，子が21歳に達するまでの間），認知をした者は「認知をした時」から，子の母は「子の母が認知を知った時」からとする規定（改正民法786条）等を設けている。

(3) 強制認知

父が任意に認知しない場合，子，その直系卑属またはその法定代理人は認知の訴えを提起することができる（民法787条本文，人事訴訟法2条2号）。認知の訴えにおいて，父と子の間に生物学的親子関係があることを証明することで，裁判（判決または審判）により，父の意思に反してでも，子の父であることを確定し，法律上の親子関係を成立させることから，強制認知または裁判認知という。子の父に対する認知請求権は放棄することができない。

認知の訴えは，父の生存中はいつでも提起することができる。また，父の死亡後も，父の死亡の日から3年以内に限り提起することができる（死後認知，民法787条ただし書）。死後認知の訴えは，死者である父の代わりに，検察官に対して訴えを提起する（人事訴訟法42条1項）。

(4) 認知の効力

認知により成立した法律上の親子関係は，認知された子の出生時に遡って効力を生じる（民法784条本文）。つまり，認知された子の出生時から認知した父との間に父子関係があったことになる。この結果，子は，父の相続人となり，父に対して扶養を請求することもできる。

(5) 準正

認知された子は，分娩した女性（母）と認知した父との間の非嫡出子である。父の認知に加えて，父母の婚姻があれば，子は嫡出子として扱われる（民法789条）。この仕組みを準正という。

5. 養親子関係

(1) 2つの養子縁組

民法は，法律上の親子関係がない者どうしの間で，養子縁組により法律上の親子関係を成立させることを認める。養子縁組により成立する親子関係を養親子関係という。

養子縁組には，普通養子縁組と特別養子縁組がある。普通養子縁組は民法制定時から存在する制度である。主に，成年者を養子として迎え，跡継ぎを得る目的や老後の介護者を確保する目的で利用されてきた。他方，特別養子縁組は，保護者のいない子や実親による養育が困難な子に新たな親と養育環境を与える目的で昭和62（1987）年に創設された制度である。

(2) 普通養子縁組

(a) 成立要件

普通養子縁組をするには，（i）縁組意思があることと，（ii）縁組固有の要件を満たすことが必要である。そして，（iii）縁組は，届出によりその効力を生じる（民法799条・民法739条）。したがって，縁組には届出が必要である。

（i）縁組意思

当事者間（養親となる者と養子となる者の間）に養子縁組をする意思（縁組意思）がない場合，縁組は無効である（民法802条1号）。したがって，当事者間に縁組意思が必要である。

（ii）縁組固有の要件

①養親となる者に関する要件

養親となる者は，20歳以上の者でなければならない（民法792条）。養親となる者は，単身者であっても，配偶者のある者であってもよい。ただし，養親となる者に配偶者がいるときは，養子となる者が成年者（成年養子）の場合，配偶者の同意が必要である（民法796条本文）。養子となる者が未成年者（未成年養子）の場合，配偶者とともに縁組をしなければならない（夫婦共同縁組の原則，民法795条本文）。

②養親となる者と養子となる者との関係に関する要件

養親となる者の尊属（例えば，父母，祖父母など）や養親となる者よりも年長の者を養子とすることはできない（民法793条）。また，後見人を養親・被後見人を養子とする養子縁組をするときは，家庭裁判所の許可が必要である（民法794条）。

③養子となる者に関する要件

養子となる者について，年齢に関する規定はない。ただし，未成年養子の場合，養子となる未成年者を保護するため，特別の要件が定められている。

まず，養子となる者が15歳未満の者であるときは，その法定代理人が子に代わって縁組の承諾（代諾）をし，縁組をする（代諾縁組，民法797条1項）。他方，養子となる者が15歳以上の者であれば，自らの意思（縁組の承諾）により縁組をすることができ，法定代理人の同意は不要である。

次に，養子となる者が未成年者であるときは，原則として，家庭裁判所の許可を得なければならない（民法 798 条本文）。子の利益に合致しない養子縁組を防止するため，家庭裁判所の許可を必要としている。ただし，自己または配偶者の直系卑属を養子とする場合，家庭裁判所の許可は不要である（民法 798 条ただし書）。例えば，祖父が孫を養子とする場合や，配偶者の連れ子を養子とする場合（連れ子養子縁組）がある。

さらに，養子となる者が未成年者であり，かつ，養親となる者に配偶者がいるときは，夫婦共同縁組が必要である（民法 795 条本文）。なお，連れ子養子縁組のように配偶者の嫡出子を養子とする場合には共同縁組の必要はない（民法 795 条ただし書）。

(b) 効力

(ⅰ) 養親との関係

養子縁組により，縁組の日から，養親と養子の間に親子関係（養親子関係）および養親の血族と養子との間に血族関係が生じる（民法 752 条）。そして，養親子関係の効果として，扶養義務（民法 877 条）や相続権（民法 887 条，同 889 条）などが生じる。養子は，養親の嫡出子としての身分を取得し（民法 809 条），養親の氏を称する（民法 810 条）。養子が未成年者である場合，養親の親権に服する（民法 818 条 2 項）。

(ⅱ) 実親との関係

普通養子縁組をしても，実親子関係および実親の血族との間の血族関係は存続する。つまり，養子には，養親子関係と実親子関係という二重の法律上の親子関係が存在することとなる。養親との関係だけでなく，実親との関係においても，扶養義務や相続権がある。

(c) 縁組の無効と取消し

養子縁組をする意思がない場合，その養子縁組は無効である（民法

802条1号)。また，適法な代諾権者による代諾を欠く縁組（民法791条1項に違反する縁組）について，明文規定はないが，養子縁組は無効となる。

また，縁組固有の要件を欠く場合や詐欺・強迫による場合には，その養子縁組は取消の対象となる（民法803条～808条)。

(d) 離縁

養子縁組により成立した親子関係を解消することを離縁という。離縁の手続として，(ｉ) 協議離縁，(ⅱ) 裁判離縁がある。そして，(ⅲ) 離縁は，届出によりその効力を生じる（民法812条，同739条)。したがって，離縁には届出が必要である。

離縁により，養親および養親の血族との親族関係は終了する（民法729条)。養子は，縁組前の氏に復する（民法816条1項)。未成年養子の場合，実父母の親権に服する（民法818条1項，2項)。

(ｉ) **協議離縁**

養親と養子との間で離縁についての協議（合意）により離縁することができる（民法811条1項)。ただし，養子が15歳未満の未成年者の場合，養親と養子の離縁後にその法定代理人となるべき者の間で協議をしなければならない（同条2項)。

(ⅱ) **裁判離縁**

離縁についての協議が調わないときは，離縁を求める者は，家庭裁判所に対して，離縁の訴えを提起する前に，調停を申立てなければならない（調停前置主義，家事事件手続法244条，同257条)。調停において離縁についての合意に至ることにより離縁することができる。これを調停離縁という。

調停において合意に至らないときは，離縁を求める者は，法定された離縁原因がある場合，離縁の訴えを提起することができる。なお，養子が15歳未満の未成年者の場合，離縁後に法定代理人となる者が離縁の訴えの当事者となる。離縁原因は，①他の一方から悪意で遺棄されたとき，②他の一方の生死が3年以上明らかでないとき，③その他縁組を継続し難い重大な事由があるときである（民法814条1項）。そして，判決により離縁の請求が認められると，離縁することができる。これを裁判離縁という。縁組の当事者の一方が死亡した後であっても，生存する他方は，家庭裁判所の許可を得て離縁することができる（死後離縁，民法811条6項）。

(3) 特別養子縁組

(a) 普通養子縁組との違い

特別養子縁組は，保護者のいない子や実親による養育が困難な子に新たな親と養育環境を与えることにより，子の健全な育成を図る制度である。普通養子縁組と比べて，要件が厳格であり，親子関係に重大な影響を及ぼす（表3-1参照）。

(b) 家庭裁判所の審判

特別養子縁組は，養親となる者の申立てによる家庭裁判所の審判により成立する（民法817条の2）。

最高裁判所「司法統計」によると，令和2（2020）年の特別養子縁組の成立件数（特別養子縁組の審判の認容件数）は，693件であった。成立件数は，昭和62（1987）年の創設直後の平成元（1989）年の1223件をピークに激減し，平成8（1996）年から300件～400件台で推移した後，平成25（2013）年以降は増加傾向にあり，令和元（2019）年に711件となった。

(c) 成立要件

家庭裁判所は，以下の5つの要件を満たした上で，養親となる者が養

表 3-1　養子縁組と里親制度

	養子縁組		里親制度
	普通養子縁組	特別養子縁組	
成立	養親となる者と養子となる者の同意により成立	家庭裁判所の審判により成立	児童相談所からの里親委託措置
養親・里親となる者の要件	20 歳以上	原則 25 歳以上 夫婦	制限なし
養子・里子となる者	年齢制限なし ただし，養親の尊属または養親より年長者である者は不可	原則 15 歳未満	原則 18 歳まで
親子関係	実父母およびその血族との親族関係は継続	実父母およびその血族との親族関係は終了	実父母およびその血族との親族関係は継続
	養父母およびその血族との親族関係が生じる	養父母およびその血族との親族関係が生じる	里親と里子の間に法律上の親子関係は形成されない
親権者	養父母	養父母	実父母
関係の解消	離縁可	原則離縁不可 子の利益のため特に必要がある時に限り，離縁可	実父母の元に戻るか，18 歳で自立する
戸籍表記	実親の氏名を記載 続柄：養子（養女）	実親の氏名を記載せず 続柄：長男（長女）	

子となる者を 6 か月以上監護した監護状況を考慮して（試験養育期間，民法 817 条の 8），特別養子縁組の成立を認める審判をする（民法 817 条の 2）。

（i）養親の夫婦共同縁組

養親となる者は，配偶者のある者（夫婦）でなければならず（民法 817 条の 3 第 1 項），配偶者とともに縁組をしなければならない（夫婦共同縁組の原則，民法817条の3第2項本文)。

（ii）養親となる者の年齢

養親となる者は，原則として25歳に達していなければならない（民法817条の4本文)。

（iii）養子となる者の年齢

養子となる者は，原則として，特別養子縁組の審判の申立時に15歳未満でなければならない（民法817条の5第1項前段)。

ただし，養親となる者が養子となる者を15歳に達する前から監護してきた場合で，かつ，15歳に達するまでに特別養子縁組の審判の申立てをしなかったことについてやむを得ない事由があるときは，15歳以上でも特別養子縁組の審判を申し立てることができる（民法817条の5第2項)。

また，養子となる者が，特別養子縁組の審判の申立時に15歳未満であっても，特別養子縁組の成立までに18歳に達した場合（民法817条の5第1項後段）や，養子となる者が15歳に達していて，その者の同意がない場合（民法817条の5第3項）には，特別養子縁組の成立は認められない。

（iv）父母の同意

特別養子縁組の成立には，養子となる者の父母の同意が必要である（民法817条の6本文)。ここでの「父母」とは，養子となる者の実父（嫡出推定または認知により定まる父）と実母（分娩の事実により定まる母）を意味し，父母の婚姻・非婚や親権の有無は問題とならない。

ただし，父母がその意思を表示できない場合または，父母による虐待，悪意の遺棄その他養子となる者の利益を著しく害する事由がある場合は，父母の同意は不要である（民法817条の6ただし書)。

（v）要保護性

特別養子縁組の成立の判断基準は，①父母による養子となる者の監護が著しく困難または不適当である等の事情が存在すること，②子の利益のため特に必要があることである（民法 817 条の 7）。特別養子縁組の成立の判断基準を要保護性という。

(d) 効力

特別養子縁組が成立すると，縁組の日から，養親と養子の間に親子関係（養親子関係）および養親の血族と養子との間に血族関係が生じる（民法 752 条）。そして，実親およびその血族との親族関係は終了する（民法 817 条の 9）。特別養子にとって，養親子関係が唯一の法律上の親子関係となる。

その他，養親の嫡出子の身分を取得すること（民法 809 条），養親の氏を称すること（民法 810 条），養親の親権に服すること（民法 818 条 2 項）等は，普通養子縁組の効果と同じである。

(e) 離縁

特別養子縁組は，法定の原因がある場合に限り，家庭裁判所の審判により離縁することができる（民法 817 条の 10）。特別養子縁組の離縁を請求することができるのは，養子，実父母，検察官であり，養父母は含まれない。

養子と実父母およびその血族との間においては，離縁の日から，特別養子縁組によって終了した親族関係と同一の親族関係が生じる（民法 817 条の 11）。

6. 生殖補助医療により生まれた子の親子関係

(1) 親子関係法と行為規制法

医療技術が発展し，生殖補助医療技術を用いて子を人工的に妊娠することが可能となった。生殖補助医療とは，人工授精または体外受精，体外受精胚移植を用いた医療をいう。

民法は自然妊娠を前提としていることから，生殖補助医療が広く用いられるようになった現状を踏まえると，生殖補助医療に関する法整備が必要となる。生殖補助医療に関する法律には，生殖補助医療の提供に際していかなる行為をいかなる要件の下で認めるのかという行為規制法と，生殖補助医療により出生した子の親子関係をどのように定めるのかという親子関係法がある。

親子関係法については，令和２（2020）年に「生殖補助医療の提供等及びこれにより出生した子の親子関係に関する民法の特例に関する法律」（以下，「特例法」という）が成立した。

(2) 特例法

特例法は，生殖補助医療の提供を受ける者（依頼者夫婦）以外の者の卵子または精子を用いた生殖補助医療により出生した子の親子関係に関する民法の特例を定める。①女性が自己以外の女性の卵子を用いた生殖補助医療により子を懐胎し，出産したときは，その出産をした女性をその子の母とする（特例法９条）。②妻が，夫の同意を得て，夫以外の男性の精子を用いた生殖補助医療により懐胎した子については，夫は，その子が嫡出であることを否認することができない（特例法 10 条）。これらの規定は，令和３（2021）年 12 月 11 日以降に生殖補助医療により出生した子に適用される（特例法附則１，２条）。

令和 4（2022）年 10 月に国会に提出された改正法案（47 頁参照）は，特例法 10 条（嫡出否認の特則）について，妻が，夫の同意を得て，夫以外の男性の精子を用いた生殖補助医療により懐胎した子については，夫，子または妻は，その子が嫡出であることを否認することができないとする規定を設けている。

(3) 今後の課題

特例法は，代理懐胎を含む生殖補助医療行為に関する規制，精子・卵子・胚の提供やあっせんの規制，生殖補助医療の当事者や精子・卵子の提供者に関する情報の扱いや子の出自を知る権利等に関する規定がない。今後は，これらの事項について検討がなされ，必要な措置を講じなければならない（特例法附則 3 条 1 項）。

学習課題

1. 嫡出推定制度の見直しの契機となった無戸籍者問題（「離婚後300日問題」ともいう）について調べてみよう。
2. 生殖補助医療により出生した子の出自を知る権利について調べてみよう。

参考文献

比較家族史学会監修『父―家族概念の再検討に向けて―』（早稲田大学出版部，2003年）

野辺陽子『養子縁組の社会学　＜日本人＞にとっての＜血縁＞とはなにか』（新曜社，2018年）

非配偶者間人工授精で生まれた人の自助グループ・長沖暁子編著『AIDで生まれるということ　精子提供で生まれた子どもたちの声』（萬書房，2014年）

4 家族の解消

岩井勝弘

《学習のポイント》 離婚は，当事者の身分関係の解消にとどまらず，財産関係の清算という側面も有する。別居から離婚に至るまで，また離婚後において，当事者に生じる諸問題について法制度や実務を学ぶ。
《キーワード》 婚姻費用分担，離婚，財産分与，慰謝料，養育費，年金分割

1．離婚の概観

近時離婚した夫婦は，平成 28（2016）年が約 21 万 7 千組，平成 29（2017）年が約 21 万 2 千組，平成 30（2018）年と令和元（2019）年が約 20 万 8 千組，令和 2（2020）年が約 19 万 3 千組であった。離婚件数のピークは平成 14（2002）年の約 29 万組であり，以後は減少傾向にある。

夫婦の一方または双方が離婚を望む場合，まずは夫婦間で話し合いをするというのが一般的である（協議離婚。民法 763 条）。話し合いで解決できない場合は，家庭裁判所に離婚調停を申し立てることになる。調停は，家庭裁判所関与の下で調停委員を介して行われる話し合いの場である。調停で解決できない場合は，家庭裁判所に離婚訴訟（正式には「人事訴訟」という。離婚など身分関係の裁判を指す。）を提起することになる。訴訟の中盤以降で，和解によって解決する場合もあるが，当事者の意向や条件が相当乖離しているなど，和解が困難なケースでは判決が言い渡されることになる。

裁判所の手続については，第 14 章の解説を参照されたい。

2. 婚姻費用分担

夫婦が不仲となった場合，双方が離婚を望んで話し合いで早急に解決できれば，同居したまま離婚に至ることもある。しかし，夫婦の一方が離婚を拒否しているとか，離婚の点では一致しているものの財産の清算で折り合いがつかない等の場合，離婚を意識するほど不仲な相手方と同居を継続することは精神的な苦痛を伴うため，特段の事情がない限りは，夫婦の一方が別居に移行することになる。また，夫婦関係修復のための冷却期間という前向きな理由での別居もありうる。

民法 760 条は「夫婦は，その資産，収入その他一切の事情を考慮して，婚姻から生ずる費用を分担する。」と規定しており，日常生活に必要な費用は夫婦で分担しなければならない。収入の多い方は少ない方に対して，同居の場合はもちろんのこと，別居の場合であっても，自己と同等の生活をさせる義務を負う（生活保持義務）。この婚姻費用には，未成熟の子の生活費も含まれる。

婚姻費用について夫婦の協議が調わない場合は，家庭裁判所に婚姻費用分担調停（もしくは審判）を申し立てて，その手続内で解決することになる。

実務では，平成 15（2003）年に裁判官らのグループが研究した結果である「標準的な養育費・婚姻費用の額を簡易迅速に算定するための標準算定方式・算定表」が広く活用されており，令和元（2019）年には，基礎となる統計資料を更新するなどした「標準算定方式・算定表（令和元年版）」が公表されている[1)]。

未成熟子の有無，年齢及び人数により算定表が複数用意されており，婚姻費用を支払う義務を負う者（義務者）の年収の線と，支払いを受ける者（権利者）の年収の線が交差する点に記載されている金額が婚姻費

1)　算定表は，裁判所のホームページに掲載されている。

用の標準金額となる。

3. 離婚

(1) 概説

日本では，夫婦間で離婚についての合意が成立しない場合に，裁判離婚が認められている。

裁判離婚は，民法770条1項各号に列挙されている離婚原因，つまり離婚を正当とする理由がある場合に限り裁判所に訴えを提起することができる（表4-1）。

表4-1　裁判離婚における離婚原因

一	配偶者に不貞な行為があったとき。
二	配偶者から悪意で遺棄されたとき。
三	配偶者の生死が三年以上明らかでないとき。
四	配偶者が強度の精神病にかかり，回復の見込みがないとき。
五	その他婚姻を継続し難い重大な事由があるとき。

(2) 統計

令和2（2020）年度に家庭裁判所で取り扱った婚姻関係事件の総数と，申立書に記載された申立ての動機（複数回答可）は表4-2のとおりである。

妻の申立件数は夫の申立件数の2.8倍であり，圧倒的に多い。

申立ての動機については，夫も妻も，「性格が合わない」を挙げる者が最も多い。

表 4-2　離婚申立ての動機

令和2年度司法統計　婚姻関係事件数　申立ての動機別，申立人別（全家庭裁判所）															
申立人	婚姻関係事件申立総数	性格が合わない	異性関係	暴力を振るう	酒を飲み過ぎる	性的不調和	浪費する	病気	精神的に虐待する	家庭を捨てて省みない	家族親族と折り合いが悪い	同居に応じない	生活費を渡さない	その他	不詳
夫	15,500	9,240	2,132	1,454	381	1,749	1,883	571	3,159	764	1,964	1,359	686	3,173	750
妻	43,469	16,304	6,505	8,576	2,618	2,808	4,020	660	10,948	3,013	2,647	722	13,235	4,714	3,361
（注）申立ての動機は，申立人の言う動機のうち主なものを3個まで挙げる方法で調査重複集計。															

（令和2年度司法統計より作成）

(3) 離婚原因

(a) 配偶者に不貞な行為があったとき（1号）

「不貞な行為」とは，配偶者のある者が，自由な意思に基づいて，配偶者以外の者と性的関係を結ぶことをいい，相手方の自由な意思に基づくものであるか否かは問われない[2)]。親密な関係にあるものの，性交渉がない場合は，不貞行為には該当しない（後述する5号による離婚が認められる可能性はある）。

同性間の不貞行為については，昭和47（1972）年の裁判例[3)]では当時の時代背景から，「性的異常」と捉え，1号の不貞行為の問題ではなく，配偶者の性的異常が婚姻を継続し難い重大な事由に該当するか否かとして，5号の問題として処理されている。しかしながらその後，時代の流れに伴い，平成16（2004）年には，「不貞行為」とは異性の相手方と性的関係を結ぶことだけでなく，同性の相手方と性的関係を結ぶことも含まれるというべきであるとして，同性間の不貞行為も1号に該当するとした裁判例[4)]が現れている。

---

2)　最判昭和48年11月15日。

3)　名古屋地判昭和47年2月29日。

4)　東京地判平成16年4月7日。

不貞行為が1回だけであったとしても，条文上は「配偶者に不貞な行為があったとき」としか規定されていないため，離婚原因となりうる。もっとも，不貞行為の事実が認められた場合であっても，民法770条2項が適用されて，離婚請求が棄却されることがある[5)]。

1号に関する近時の特異なケースとして，夫が派遣型性風俗店で性的サービスを1回受けたが，発覚当初から夫が妻に謝罪して今後利用しない旨約束をしている場合は離婚事由にあたるまでの不貞行為とは評価できないとした裁判例[6)]がある。

(b) 配偶者から悪意で遺棄されたとき（2号）

「悪意の遺棄」とは，正当な理由なく夫婦の同居・協力及び扶助の義務（民法752条）に違反する行為をいう。

2号については，①夫が，半身不随の身体障害者で日常生活もままならない妻を，そのような不自由な生活，境遇にあることを知りながら自宅に置去りにし，正当な理由もないまま家を飛び出して長期間別居を続け，その間妻に生活費を全く送金していないことから，悪意の遺棄にあたるとされた裁判例[7)]や，②夫の余りに多い出張等，妻ら家族を顧みない行動により，同居協力扶助の義務を十分に尽さなかったと認められたものの，「悪意の遺棄」にあたるとするにはやや足りないとされた裁判例[8)]などがある。

(c) 配偶者の生死が三年以上明らかでないとき（3号）

3号は，生きていることが3年以上も確認できない者との婚姻関係は破綻したものと認定するものである。

3号については，夫が不在の間に妻が家を出て，それ以来音信不通となった事案において，12年前の外国人出入国記録を最後に妻の生存を

---

5) 千葉地判昭和40年2月20日。
6) 横浜家判平成31年3月27日。
7) 浦和地判昭和60年11月29日。
8) 大阪地判昭和43年6月27日。

証明する記録がなく，「生死が三年以上明らかでないとき」に該当するとした裁判例[9]がある。

(d) 配偶者が強度の精神病にかかり，回復の見込みがないとき（４号）

４号に該当するには，回復の見込みのない強度の精神病であることが必要である。「回復の見込みがない」とは，相当期間治療を継続してもなお回復の見込みが立たないことをいう。これに至らない程度の精神病の場合は５号該当性の問題となる。

裁判所はこの精神病離婚について，４号該当事由に加えて，具体的方途を講じることを求めることにより要件を加重している。すなわち，最高裁昭和33年７月25日判決は，「民法は単に夫婦の一方が不治の精神病にかかった一事をもって直ちに離婚の訴訟を理由ありとするものと解すべきでなく，たとえかかる場合においても，諸般の事情を考慮し，病者の今後の療養，生活等についてできるかぎりの具体的方途を講じ，ある程度において，前途に，その方途の見込のついた上でなければ，ただちに婚姻関係を廃絶することは不相当と認めて，離婚の請求は許さない法意であると解すべきである。」と判示した。この判例に対しては，離婚請求者に経済的余裕がない場合は不可能を強いるものであるなどとして，多数の学説が批判的である。

もっとも，上記判例を前提としつつも，具体的方途の内容を軽減し，妻が強度の精神病にかかり回復の見込みがなかった事案において，妻の実家の資産状態が良好であった一方で，夫は生活に余裕がないにもかかわらず，過去の療養費について支払いを完了し，将来の療養費についても可能な範囲の支払いをなす意思のあることを表明したことを考慮し，離婚請求を認めた判例[10]がある。

9）東京地判平成16年５月11日。
10）最判昭和45年11月24日。

(e) その他婚姻を継続し難い重大な事由があるとき（5号）

5号は，1号から4号に該当しない場合であっても，夫婦間の婚姻関係が破綻したと認定できる場合に離婚を認めるものである。同号に該当するためには，客観的な破綻状態（円満な婚姻関係への回復やその維持が困難であると判断される状態）の存在が必要となる。その態様はDV（ドメスティックバイオレンス）に該当する身体的・性的・精神的・経済的暴力，経済的破綻（浪費癖，勤労意欲の欠如），家庭を顧みないこと（家族生活維持不協力），他方配偶者の親族との不和，犯罪行為，性格・価値観の不一致，性生活の不一致など[11]，様々である。

別居の継続は，婚姻関係破綻の表れということができ，実務上は5年間の別居が目安となっている。もっとも，客観的破綻の判断は，裁判官の裁量によるところが大きく，長期間（8年超）別居を継続し，この間夫婦間に関係修復に向けた具体的取組が行われた形跡がなかった事案において，もはや婚姻関係の修復は極めて困難であり，破綻しているとして，婚姻を継続し難い重大な事由があるとした裁判例[12]がある一方，夫が別居後に妻との接触を避けて婚姻関係についての話し合いを一切拒絶している場合において，別居期間が7年以上の長期に及んでいるとしても，婚姻を継続し難い重大な事由があるとはいえないとした裁判例[13]もある。

(4) 有責配偶者からの離婚請求

婚姻関係を破綻させた責任がある配偶者を有責配偶者という。最高裁昭和27年2月19日判決は，有責配偶者からの請求が是認されるならば，妻は「全く俗にいう踏んだり蹴（けっ）たりである。法はかくの如き不徳義

11） 犬伏ほか『親族・相続法』［第3版］82頁。
12） 東京家判令和2年2月19日。
13） 東京高判平成30年12月5日。

勝手気儘(まま)を許すものではない」として離婚を認めなかった[14]。

しかしながら，離婚を認めないからといって，有責配偶者とその配偶者の婚姻関係が良好化するわけではなく，ただ形骸化した婚姻関係が継続するだけである。そのような問題意識のもとで，最高裁大法廷昭和62年9月2日判決は「夫婦としての共同生活の実体を欠くようになり，その回復の見込みが全くない状態に至った場合には，当該婚姻は，もはや社会生活上の実質的基礎を失っているものというべきであり，かかる状態においてなお戸籍上だけの婚姻を存続させることは，かえって不自然である」として，一定の要件（①夫婦の別居が両当事者の年齢及び同居期間との対比において相当の長期間に及んでいること，②その間に未成熟の子が存在しないこと，③相手方配偶者が離婚により精神的・社会的・経済的に極めて苛酷な状態におかれる等離婚請求を認容することが著しく社会正義に反するといえるような特段の事情がないこと）を満たした場合には，有責配偶者からの請求であっても離婚が認められるとの判例変更をした。

近時の特殊な例として，夫婦間の長男が成年に達しているものの，四肢麻痺の障害のために日常生活全般にわたり介護を必要とする状況にあることから，実質的には未成熟子と同視すべきであり，妻はそのような子を放置して就業することが可能とは考えられず，その年齢（54歳）からして安定した職業を見つけるのは困難であることなどから，離婚により直ちに経済的困窮に陥ることが十分予想されるとして，有責配偶者である夫からの離婚請求を棄却した裁判例[15]がある。

---

14)　この判例のように，婚姻関係が破綻していても，その原因を作出した配偶者からの離婚請求は認めないという考え方を消極的破綻主義という。逆に，婚姻関係が破綻していれば，その原因を作出した配偶者からの離婚請求も認めるという考え方を積極的破綻主義という。

15)　東京高判平成19年2月27日。

(5) 裁量棄却

法定の離婚原因に該当する場合でも，裁判所は一切の事情を考慮して婚姻の継続を相当と認めるときは，離婚請求を棄却することができる(民法770条2項)。

4. 財産分与

(1) 財産分与の趣旨

民法では，夫婦の財産について夫婦別産制を採用しており，自己の名で得た財産はそれぞれのものとなる（民法762条1項)。しかしながら，夫婦は互いに協力し合って生活しているので，同居中に夫婦の一方が財産を得たとしても，そこに他方の貢献がある場合には，実質的に夫婦の共有財産であると考えるのである。例えば，夫が会社員で妻が専業主婦の場合，給与は夫の名で得るものの，妻が家事労働に従事するなどして夫の勤務を支えていると考えられるので，得られた給与は夫婦共有財産とみて差し支えない。

離婚時には，この同居中に築いた夫婦共有財産[16)] の分配清算が必要となるため，離婚をした者の一方は，相手方に対して，財産の分与を請求することができる（民法768条，771条)。

(2) 財産分与の対象財産と計算方法

夫婦が有する「財産」は大きく分けると，「共有財産」，「実質的共有財産（潜在的共有財産ともいう)」，「特有財産」の3つである。共有財産とは，家財道具やタンス預金など，夫婦が婚姻後に築いたもののうち，共有名義もしくは名義のない財産をいう。実質的共有財産とは，預

16) 別居中は，夫婦が互いに協力し合って生活するという関係性がなくなっているため，一方の名で得た財産を夫婦共有財産とみなすことは妥当でない。

貯金・不動産など，夫婦が婚姻後に築いたもののうち一方の名義となっている財産をいう。特有財産とは，婚姻前から有する財産や婚姻後に得た相続財産など，夫婦の個別財産をいう。これらのうち，財産分与の対象となるのは共有財産及び実質的共有財産である。

財産分与の計算は，名義が夫婦のいずれになっているかにかかわらず，婚姻中に築いた財産を合計し，特段の事情がない限り，原則として半分ずつ寄与したものとして，折半する。例えば，財産分与対象財産が預貯金のみで，夫名義の預貯金が2000万円，妻名義の預貯金が100万円の場合，合計2100万円を半分にすると1050万円であるから，ここから妻名義の預貯金額100万円を差し引いた残額950万円が夫から妻に分与される金額となる。

(3) 財産分与各論

(a) 退職金

退職金がすでに支払われている場合には，実質的共有財産として財産分与の対象となる。一方，将来給付されるであろう退職金については，財産分与の対象となり得るか，対象となったとしても金額についてどのように計算すべきかが問題となる。

東京家裁平成22年6月23日審判は，勤務先を退職すれば支給を受ける蓋然性の高い退職金は，財産分与の対象となる夫婦の（実質的）共有財産にあたるとして，将来の退職金は財産分与の対象になるとした。分与の実施時期は退職金の受給時であり，審判主文は「○○から退職金を支給されたときは，△△万円を支払え」となっている。

将来ではなく，離婚時に退職金も含めた財産分与を求める場合は，財産分与基準時（原則として別居開始時）に自己都合退職した場合に支給される退職金額を実質的共有財産とすることが実務上の運用である。一般的に，自己都合退職金は，同一勤務年数で比較すると，定年退職金の数割減から半額程度であるので，分与請求者は退職金の不支給可能性や離婚時分与の利益・不利益を総合的に考慮して，将来の分与か離婚時の分与かを選択しなければならない。

(b) 持戻し

持戻しとは，財産分与基準時における共有財産及び実質的共有財産の額に，婚姻同居中に夫婦の一方が不当に減らした財産額を加えることをいう。

減った後の財産残額をそのまま夫婦で分けると不公平であるため，民法768条3項の「当事者双方がその協力によって得た財産の額」,「その他一切の事情を考慮」という文言を解釈し，実際には減ってしまった財産額を残存するものとみなして，財産分与の対象財産額を計算することがある。

別居時点で預貯金が全く存在しなかった場合であっても，別居に至るまでに，ほとんど自分のために使用する車，スーツ，ゴルフ用品の購入などの夫の浪費があったとして，財産分与を命じた裁判例[17)]がある。

(c) その他特殊ケースの裁判例

ア　逸失利益

夫が交通事故により取得した損害保険金のうち，慰謝料に対応する部分は夫の特有財産にあたるため，財産分与の対象とはならないものの，逸失利益，つまり事故に遭わなければ将来得ることができた利益に関する部分については財産分与の対象となるとの裁判例がある[18)]。

イ　贈与

婚姻中に，妻から不貞行為を疑われた夫が妻の不満を抑える目的で不

---

17)　浦和地判昭和61年8月4日。

18)　大阪高決平成17年6月9日。なお，財産分与の対象となるのは，症状固定日から財産分与基準時までの期間に対応する逸失利益に限られる。

動産を贈与した事案で，当該贈与には清算的要素があったことから，不動産は妻の特有財産であり財産分与の対象とはならないとの裁判例がある[19)]。

ウ　宝くじ

夫が当選した宝くじの当選金約2億円の購入資金は，夫婦の協力によって得られた収入の一部から拠出されたものであり，当選金は夫婦の共有財産にあたるとの裁判例がある[20)]。

エ　寄与割合

夫が東証一部上場企業の代表取締役の事案で，妻が共有財産の原資となった夫の特有財産の維持に協力したとする証拠はないことから，妻が寄与した割合は必ずしも高いとは言い難いとして，財産分与額を共有財産の合計価格の5%とした裁判例がある[21)]。

オ　分与者の破産

財産分与として，金銭の支払いを命じる裁判が確定した後に，判決を受けた分与者が破産した場合には，分与の相手方は破産管財人に対し，その金銭の支払いを請求することはできないとの判例がある[22)]。

5. 慰謝料

離婚に伴う慰謝料は，理論上，離婚原因となった個別具体的行為（暴力，不貞など）による精神的苦痛に対する損害賠償の意味と，離婚によって配偶者の地位を喪失するという精神的苦痛に対する損害賠償の意味に分けることができるが，実務上は両者をはっきりとは区別しないで離婚慰謝料と呼んでいる。

19）　大阪高決平成23年2月14日。
20）　東京高決平成29年3月2日。
21）　東京地判平成15年9月26日。
22）　最判平成2年9月27日。

裁判例では，50 万円から 500 万円程度の金額が離婚慰謝料として認容されることが多い。婚姻期間や支払義務者の資力（収入や所有財産），婚姻破綻に対する責任の程度などによって算定される。

もっとも，離婚事件すべてで慰謝料が認容されているわけではなく，例えば，性格の不一致を基礎として夫婦双方が婚姻破綻に至る原因を作るなど，夫婦の一方だけに明らかな責任があるとはいえない場合は，慰謝料請求は棄却される。

6. 養育費

民法 877 条 1 項は「直系血族及び兄弟姉妹は，互いに扶養をする義務がある。」と規定しており，夫婦間に子がいる場合，離婚後も子に対する扶養義務を負う。これは，親権・監護権を父母のいずれが有しているかとは関係がない。一般的には，子を監護する親が監護していない親に対して，「子の監護に関する費用」（養育費）の分担を請求する方法がとられる（子が親に対して扶養を請求することも可能である）。父母が別居中の場合は，分担される婚姻費用に養育費が含まれる。

養育費は離婚に付随するため，夫婦間で協議が調わない場合は，家庭裁判所に申し立てられた夫婦関係等調整調停（関係解消を求める場合は，「離婚調停」とも呼ばれる）の手続内で解決することになる。なお，養育費の取り決めをせずに離婚した場合，養育費の請求調停を申し立てることが可能である（協議離婚では，養育費を取り決めていないケースが多い）。

養育費の算定については，婚姻費用の場合と同様に，「標準算定方式・算定表（令和元年版）」が公表されている。未成熟子の有無，年齢及び人数により算定表が複数用意されており，養育費を支払う義務を負う非監護親（義務者）の年収の線と，支払いを受ける監護親（権利者）の年収の線が交差する点に記載されている金額が養育費の標準金額となる。

これまで，実務では養育費の支払終期を「子が20歳になる日が属する月まで」と定めるケースが多かったが[23]，民法改正により，令和4(2022)年4月1日から成年の年齢が18歳に引き下げられたため，養育費の支払義務を負う非監護親が支払終期について「子が18歳になる日が属する月まで」と主張するケースが多くなると予想される。

もっとも，養育費は，子が未成熟で経済的自立が期待できない期間に支払われる金銭であるので，子が成年になったとしても，いまだ経済的に自立できないと認められる場合または見込まれる場合には，非監護親は養育費の支払義務を負うため，必ず18歳までとなるわけではない。そのため，これからの実務では，当事者間の事情を踏まえて，①「子が18歳に達した後の最初の3月まで」(高校卒業まで)，②「子が20歳に達した後の最初の3月まで」(短大や専門学校卒業まで)，③「子が22歳に達した後の最初の3月まで」(大学卒業まで)，のいずれかに決着するケースが多くなるのではないかと予想される。

7. 年金分割

(1) 概説

厚生年金は，離婚時に，年金分割をすることができる[24]。これらの年金は，国民年金（基礎年金）に積み増しされるものであり，2階建てとなっている（国民年金が1階部分，厚生年金が2階部分)。

23)　子が大学に進学することを予定している場合には，大学を卒業するまで養育費の支払義務を負うと取り決めることもある。

24)　企業年金には，年金分割の制度がないため，財産分与の対象財産として清算することになる。

この年金分割の制度は平成19（2007）年4月1日に開始された。

年金分割制度は，支給される年金額を分割するのではなく，年金計算の基礎となる保険料納付記録（標準報酬月額と標準賞与額）のうち，婚姻期間の部分だけを分割するものである。つまり，分割を受けた元配偶者については，自身の保険料納付記録（年金記録）に，相手方から分割された保険料納付記録を合算したものに基づき，年金額が計算される。

分割請求の期限は，原則として，①離婚をした日，②婚姻の取り消しをした日，③事実婚関係にある人が国民年金第3号被保険者[25)]資格を喪失し，事実婚関係が解消したと認められる日，の翌日から起算して2年以内である。例外的に，離婚日から2年を経過するまでに調停・審判申立を行って，本来の請求期限が経過後，または本来の請求期限経過日前の6か月以内に調停が成立，または審判が確定した場合などでは，その日の翌日から起算して6か月経過するまで，分割請求をすることができる。

(2) 分割の手続

(a) 合意分割制度

婚姻期間中に保険料納付記録があって，離婚，婚姻の取消または事実婚の解消（以下，「離婚等」という）をした場合，当事者の合意または裁判手続により按分割合（分割割合）を定めれば，婚姻期間中の保険料納付記録を分割することができる。

当事者間で合意ができた場合は，①公正証書，②当事者が作成した合意書で公証人の認証を受けたもの，③年金事務所等分割実施機関所定の合意書[26)]，のいずれかを添付して，分割請求をしなければならない。

---

25) 厚生年金または共済組合に加入している第2号被保険者に扶養されている20歳以上60歳未満で年収が130万円未満の配偶者をいう。

26) 当事者双方とも，本人または代理人が窓口に直接訪問しなければならないことに注意が必要である。

当事者間で合意ができなかった場合は，年金分割調停や審判，離婚訴訟における附帯処分により，按分割合を定める必要がある。ほとんどの事例で，按分割合は0.5と定められている。

なお，合意分割の請求が行われた場合，婚姻期間中に下記の3号分割制度の対象となる期間が含まれるときは，合意分割と同時に3号分割の請求があったものとみなされる。

(b) 3号分割制度

平成20（2008）年5月1日以後に離婚等をし，かつ婚姻期間中に同年4月1日以後の国民年金第3号被保険者期間がある場合は，第3号被保険者であった者が請求すれば，同年4月1日以後の婚姻期間中の第3号被保険者期間における相手方配偶者の保険料納付記録の2分の1を分割することができる。請求にあたって，当事者双方の合意は必要ない。

学習課題

1. 協議離婚の件数と調停離婚の件数が，それぞれ離婚総数の何パーセントを占めているか，近時の統計資料を調べてみよう。
2. 8 歳の子と同居する給与年収 200 万円の妻が，別居している給与年収 600 万円の夫に請求できる婚姻費用の目安が算定表でいくらとなっているか，調べてみよう。

参考文献

本山敦ほか『家族法［第 3 版]』（日本評論社，2021 年）
犬伏由子ほか『親族・相続法［第 3 版]』（弘文堂，2020 年）

5 家族と子ども

羽生香織

《学習のポイント》 子どもの健全な成長発達および子どもの利益の保護のため，親は，子の監護と教育および財産管理の第一義的な責任を有する。しかし，児童虐待のように，親にその責任を果たす意思や能力がないときが問題となる。子の養育を誰がどのように担うかについて学ぶ。
《キーワード》 親権，児童虐待，児童相談所，社会的養護

1. 親権

(1) 子ども

「子ども」の呼称および定義は，法制度により異なる。民法は，年齢が18歳に満たない者（民法4条）を「未成年者」とする（民法5条，同838条1号等）。民法では，「未成年者」の他，「成年に達しない子」（民法818条1項），「子」（民法772条，同820条等）という呼称が用いられている。刑法分野では，「刑事未成年」（刑法41条，「14歳に満たない者」），「少年」（少年法2条1項，「20歳に満たない者」）という呼称が用いられている。社会福祉法分野では，「児童」[1)]（児童福祉法4条1項，「満18歳に満たない者」），という呼称が用いられている。本章では，「子ども」について，0歳から18歳未満の者と定義し，各法制度での呼称を記載する。

1）「児童」のうち，満1歳に満たない者を「乳児」，満1歳から小学校就学の始期に達するまでの者を「幼児」，小学校就学の始期から満18歳に達するまでの者を「少年」と定義する（児福法4条1項）。

(2) 親権

未成年の子を保護するため，その父母に親権が与えられている（民法818条1項）。法律上の親子であることの基本的な効果として，父母は未成年の子に対して親権を行使することができる。

「親権」という字面から，親権は親の子に対する権利という印象を受けるが，親権は親の子に対する権利であるだけでなく，親の子に対する義務でもある。さらに，親権は「子の利益のため」の権利・義務でもある（民法820条）。

(3) 親権の帰属

未成年者は父母の親権に服する（民法818条1項）。では，どのような場合に，誰が親権を有する親権者であり，親権を行使することができるのか。

(a) 実子：嫡出子

嫡出子の出生時に，父母が婚姻中の場合，父母双方が親権者であり，父母が共同して親権を行使する（共同親権，民法818条3項本文）。父母が離婚すると，父母のどちらか一方が親権者となり，一方が単独で親権を行使する（単独親権，民法819条1項，2項，5項）。また，嫡出子の出生時に，父母が離婚していた場合，母が親権者であり，母が単独で親権を行使する（民法819条3項）。いずれの場合にも，「子の利益のため必要があると認めるとき」，親権者変更の審判により，親権者を他方に変更することができる（民法819条6項）。

なお，父母の離婚後の単独親権に関しては，令和3（2021）年2月，法制審議会は，法務大臣からの諮問を受けて，未成年の子を持つ父母の離婚に伴う子の養育のあり方の見直しについて家族法制部会を設置し，審議している。

(b) 実子：非嫡出子

非嫡出子の場合，母が親権者であり，母が単独で親権を行使する（単独親権）。父が認知した子に対する親権について，父は子を認知しても当然に親権者となることはできない。子の認知の後，父母の協議で父を親権者と定めたときに限り，父が親権者となり，父が単独で親権を行使する（単独親権，民法819条4項）。

(c) 養子

養子の場合，養親が親権者となる（民法818条2項）。養親（養父・養母）の婚姻中の場合は共同親権，養親が離婚した場合または養親が単身者の場合は単独親権となる。他方，養子縁組が離縁により解消された場合，実親の親権が回復し，実親が親権者となる。

未成年者が養子となる場合として，連れ子養子縁組の事例が多い。連れ子養子縁組とは，例えば，実親である実父と実母が離婚し，未成年の子について実母が単独親権者となり，その後，実母が再婚し，子と実母の再婚相手が養子縁組をすることをいう。養子縁組により，子と実母の再婚相手との間に養親子関係が成立し，実母の再婚相手は養父となる。そして，実母と養父の婚姻中は，実母と養父の共同親権となる。

(4) 親権の内容

親権の内容にはどのようなものが含まれているか。親権の内容は，大別すると（a）身上監護と（b）財産管理に分けられる。

(a) 身上監護

親権の内容の1つは，「子の監護及び教育をする」権利・義務（民法820条）である。子の監護・教育を総称して「身上監護」という。身上監護に含まれる個別の行為のうち，民法は，子の居住する場所を定める居所指定（民法821条），子を躾（しつ）ける懲戒（ちょうかい）（民法822条），アルバイトなどの仕事をすることを許す職業許可（民法 823 条）を具体的に挙げている。その他，民法に明文規定はないが，子を命名することや子が医療行為を受けるに際して同意することも身上監護に含まれると解されている。

令和 4（2022）年 10 月に国会に提出された「民法の一部を改正する法律案」（47 頁参照）は，懲戒権に関する民法 822 条を削除し，新たに「親権を行う者は，前条〔民法 821 条〕の規定による監護及び教育をするに当たっては，子の人格を尊重するとともに，その年齢及び発達の程度に配慮しなければならず，かつ，体罰その他の子の心身の健全な発達に有害な影響を及ぼす言動をしてはならない」とする規定（改正民法 821 条）を設けている（なお，居所の指定に関する現行の民法 821 条は，改正後は民法 822 条とする）。

(b) 財産管理

(ｉ) 管理権

親権の内容のもう 1 つは，「子の財産を管理し，かつ，その財産に関する法律行為についてその子を代表する」権利・義務である（民法 824 条）。子の財産を管理する権利・義務を「管理権」という（例えば，民法 827 条で「管理権」という語句が使用されている）。具体的には，子の財産を保存，利用，改良，処分する行為である。

管理権の対象となる財産は，子の所有するすべての財産である。ただし，管理権の対象とならない財産として，小遣い（こづかい）のように，親権者が子に処分を許した財産（民法 5 条 3 項）や親権者に許可された営業に関する財産（民法 6 条 1 項）がある。

親権者は，子の財産を管理するに際して「自己のためにするのと同一の注意をもって」管理権を行わなければならない（民法 827 条）。この注意義務に違反して，親権者が子の財産を害するような不適切な管理権を行った場合には，親権者の親権は制限される（後述「(5) 親権の制限」参照)。

（ii）**代理権**

管理権には法定代理権が含まれる。民法 824 条本文で，「その〔子の〕財産に関する法律行為についてその子を代表する」というのは，子の財産に関する法律行為について，親権者が子の法定代理人として法律行為をすること（代理）を意味する。例えば，子が有するバイクを売却するには，子の法定代理人である親権者が，子を代理して，第三者との間で子のバイクを売却する契約（法律行為）をするのである（他にも，子の法定代理人である親権者の同意があれば，子は自分でバイクを売却することができる（民法５条１項))。

（iii）**利益相反行為の禁止**

親権者は，子の財産について法定代理権を有しているが，利益相反行為について，親権者の法定代理権は制限される（民法 826 条)。

例えば，子が有する財産を単独親権者である父に売却する場合，父（親権者）が売却価格を安く設定するなど，子の財産上の損失の上に自己の利益を図ろうとする恐れがある。そこで，親権者である父とその子との間で利益が相反する行為について，親権者が子を代理することを禁止し，親権者は特別代理人の選任を家庭裁判所に請求しなければならない（利益相反行為の禁止，民法 826 条１項)。そして，特別代理人が，子を代理して，親権者との間で契約をする。仮に，特別代理人が選任されないまま，親権者が子を代理して契約をした場合，その契約は無権代理行為となる（民法 113 条)。

また，２人の子のうち一方の子が有する財産を，他方の子に売却する場合，２人の子の単独親権者である母が売却価格を安く設定するなど，一方の子の財産上の損失の上に他方の子の利益を図ろうとする恐れがある。そこで，同一の親権者の親権に服する複数の子の間で利益が相反する行為について，親権者が双方の子を代理することを禁止し，親権者は一方の子のために特別代理人の選任を家庭裁判所に請求しなければならない（民法826条2項）。そして，特別代理人が，一方の子を代理して，他方の子を代理する親権者との間で契約をする。仮に，特別代理人が選任されないまま，親権者が双方の子を代理して契約をした場合，その契約は無権代理行為となる（民法113条）。

(5) 親権の制限

親権者である父または母は，「子の利益のため」に親権を行使しなければならない。しかし，父または母が子を虐待する等，不適切な親権の行使によって子の利益が害されているときは，子，その親族，未成年後見人，未成年後見監督人，または検察官の請求によって，家庭裁判所は，その父または母について，親権を制限することができる。親権を制限する制度として，親権喪失，親権停止，管理権喪失がある。

(a) 親権喪失

例えば，親権者が子を虐待する，または悪意で遺棄する等して，父または母による親権の行使が「著しく」困難または不適当であることにより，子の利益を「著しく」害するときは，親権喪失の審判により，父または母の親権は剥奪され（特に期間の定めはない），父または母は親権を行使することができなくなる（民法834条）。

(b) 親権停止

例えば，入院や手術，輸血等，子に必要な医療行為について親権者が同意を拒否する場合は，父または母による親権行使を一時的に制限することで足る（医療行為への同意以外の子の養育監護は適切であるから，親権喪失のように全面的に親権を制限する必要性は乏しい）。このような場合，父または母による親権の行使が困難または不適当であることにより，子の利益を害するときは，親権停止の審判により，父または母の親権は2年を超えない範囲で（最長で2年間）剥奪され，その間，父または母は親権を行使することができなくなる（民法834条の2）。

(c) 管理権喪失

親権者が子の財産を浪費する等，不適切な管理権の行使によって子の利益が害されているときは，管理権喪失の審判により，父または母は親権のうち管理権のみを行使することができなくなる（民法835条）。

2. 児童虐待への対応

(1) 児童虐待の現状

児童虐待は，保護者がその監護する児童に対して行う（a）身体的虐待，（b）性的虐待，（c）ネグレクト，（d）心理的虐待の4類型に分類される（児童虐待の防止等に関する法律2条）。

（a）身体的虐待には，殴る，蹴る，叩く，投げ落とす，激しく揺さぶる，やけどを負わせる，溺れさせる，首を絞める，縄などにより一室に拘束する等がある。（b）性的虐待には，児童への性的行為，性的行為を見せる，性器を触るまたは触らせる，ポルノグラフィの被写体にする等がある。（c）ネグレクトには，家に閉じ込める，食事を与えない，ひどく不潔にする，自動車の中に放置する，重い病気になっても病院に連れて行かない等がある。（d）心理的虐待には，言葉による脅し，無視，兄弟間での差別的扱い，児童の目の前で家族に対して暴力をふるう（ドメスティック・バイオレンス：DV），兄弟に虐待行為を行う等がある。

厚生労働省によると，全国の児童相談所での児童虐待に関する令和2（2020）年度の相談対応件数は20万5029件であり，年々増加の一途を辿っている（厚生労働省「令和２年度 児童相談所における児童虐待相談対応件数」)。児童相談所は，全国に228か所設置されている（令和４(2022）年４月現在)。児童相談所における児童虐待相談対応件数の内訳について，種類別では，心理的虐待が全体の59.2％で最も多く，次いで身体的虐待24.4％，ネグレクト15.3％，性的虐待1.1％となっている。また，虐待者について，実母が47.4％と最も多く，次いで実父41.3％，その他（祖父母，おじおば等）5.6％，実父以外の父（養父，継父）5.3％，実母以外の母（養母，継母）0.4％となっている。虐待を受けた児童の年齢構成については，7〜12歳（小学生）が34.2％と最も多く，次いで3〜6歳25.7％，0歳〜2歳19.3％，13〜15歳（中学生）13.7％，16〜18歳（高校生等）7.1％となっている（厚生労働省「令和２年度福祉行政報告例の概況」)。

(2) 児童福祉法

(a) 児童虐待への法的対応

児童虐待が生じた場合，民法では，虐待者である親権者について，親権喪失（民法834条）や親権停止（民法834条の2）により，親権行使を制限する。刑法では，虐待者である保護者を，暴行罪（刑法208条)，傷害罪（刑法204条)，強制わいせつ罪（刑法176条)，強制性交等罪(刑法177条)，保護責任者遺棄罪（刑法218条)，遺棄等致死傷罪（刑法219条）等で処罰する。さらに，虐待を受けた児童の健全な成長の保障という目的から，児童福祉法に基づいて，児童相談所[2]による保護が図られる。

なお，児童福祉法による保護の対象となる要保護児童には，虐待を受

2）児童相談所は，児福法12条に基づいて各都道府県に設置されている行政機関である。児童相談所の役割は，児童の問題に関する相談援助活動を行うことにあり，主として，①市町村援助機能（市町村による児童の福祉に関する対応について必要な援助を行う)，②相談機能（児童に関する相談窓口)，③一時保護機能（必要に応じて児童を一時保護する)，④措置機能（一時保護した児童を，児童養護施設等へ入所させたり，里親に委託する等）がある。

けた児童に限られず，非行児童，孤児，保護者に遺棄された児童，保護者が長期拘禁中の児童も含まれる（児福法6条の3第8項）。要保護児童数は，平成30（2018）年度，全国で44,258人（18歳未満の児童全体の約0.2%）である（総務省「要保護児童の社会的養護に関する実態調査（令和2年）」）。

(b) 体罰の禁止

児童虐待の防止等に関する法律14条1項，児童福祉法33条の2第2項および47条3項は，親権者や児童相談所長等による体罰の禁止を明記する。これらの規定は，体罰によらない子育てを社会全体で推進することを目的とする。親権者は，監護および教育に必要な範囲で子を懲戒することができるが（民法822条），躾と体罰とは明確に区別され，たとえ躾であったとしても，監護および教育に必要な範囲を超える懲戒は子への体罰（虐待または暴力）である。

(c) 要保護児童の社会的養護の流れ

要保護児童を公的責任で養育することを「社会的養護」という。

児童相談所長は，虐待を受ける児童を発見した者による通告[3]や相談に基づいて，事実を調査し，児童や保護者を指導したり（児福法26条），必要があると認めるときは，親権者の同意がなくても[4]，児童を一時的に保護することができる（児福法33条1項，2項）。一時保護の期間は，原則として2か月を超えてはならないものとされている（児福法33条3項）。この一時保護の期間中に，児童相談所は，一時保護した児童に

3) 児童虐待において，まず対応しなければならないことは，虐待を受けている児童を発見することである。虐待を受けたと思われる児童を発見した者は速やかに福祉事務所や児童相談所に通告する義務を負う（児童虐待防止法6条）。通告を受けた児童相談所は，児童虐待が行われているおそれや疑いがあると認められる場合には，児童の住所または居所への立ち入り調査や児童の捜索を行い，児童の安全の確認または一時保護等をすることができる（同9条以下，同10条）。

4) 児童の一時保護について，法改正により，児童相談所が一時保護を開始する際に，親権者等が同意した場合等を除き，事前または保護開始から7日以内に，裁判所が一時保護の要否を判断する司法審査が導入されることとなった（令和4年法律第66号，令和6（2024）年4月1日施行）。

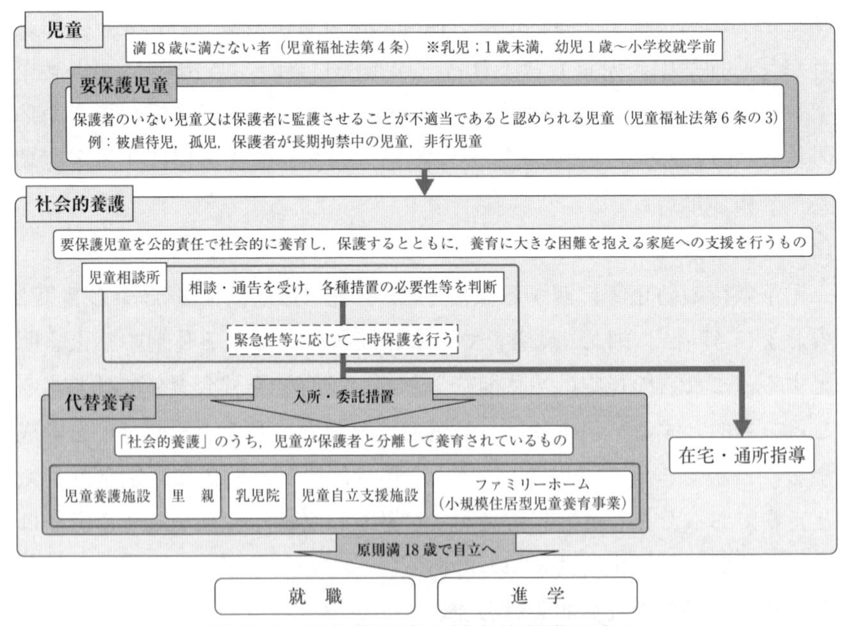

図 5-1　要保護児童の社会的養護の流れ

出典：総務省「要保護児童の社会的養護に関する実態調査　結果報告書（令和2年)」

ついて，家庭環境の調査や社会診断，心理診断などを行い，①児童を親元へ帰宅させた上で，保護者への訓戒または誓約書の提出（児福法27条1項1号)，児童や保護者への指導（同2号)，必要があると認める児童については，②児童養護施設等への入所または里親委託（同3号)，③家庭裁判所送致（同4号)，④治療委託（同条2項）のいずれかの措置を決定する。

一時保護された児童のうち，児童養護施設等への入所または里親への養育委託となる児童は全体の21.7%を占める。

なお，児童養護施設入所または里親委託については，保護者（親権者または未成年後見人等）の同意がなければ行うことはできない（児福法27条4項）。もっとも，保護者が反対の意思を表明したときであっても，家庭裁判所の承認を得て，児童養護施設入所または里親委託の措置を採ることができる（児福法28条1項。令和2年度，児福法28条1項に基づく家事審判請求件数は，全国で481件である）。

(d) 社会的養護

平成30（2018）年度，児童養護施設等入所または里親委託等の措置により，保護者と分離して養育されている要保護児童数は44,258人である。このうち，児童養護施設入所が24,908人（56.3%），里親委託が5,556人（12.6%）である（総務省「要保護児童の社会的養護に関する実態調査（令和2年）」）。

令和4（2022）年4月の時点では，児童養護施設や里親の下での養育は原則として満18歳まで，最長でも22歳までとなっている（措置延長（児福法31条2項），厚生労働省「社会的養護自立支援事業」（平成29年））。なお，同年同月の児童福祉法改正により，年齢制限は撤廃される（令和4年法律第66号，令和6（2024）年4月1日施行）。

要保護児童のうち，親権者または未成年後見人がいない児童について，児童相談所長や児童福祉施設長は，親権を行う（児福法33条の2，同47条1項，2項）。また，児童相談所長は，親権者がいない児童について，家庭裁判所に対し未成年後見人の選任を請求しなければならない（同33条の8第1項）。

他方，親権者または未成年後見人がいる児童であっても，児童相談所長，児童福祉施設長や里親（以下，「施設長等」という）は，監護，教育および懲戒に関して，養育する児童の福祉のために必要な措置（以下，「監護措置」という）を採ることができる（児福法47条3項）。親権者または未成年後見人は，施設長等の監護措置を不当に妨げてはならない（同条4項）。児童の生命または身体の安全を確保するため緊急の必要があると認めるときは，親権者または未成年後見人の同意がなくても，監護措置を採ることができる（同条5項）。

例えば，施設長等の監護措置を不当に妨げる行為として，法定代理人である親権者または未成年後見人が，児童に必要な医療行為（治療または手術）への同意を拒否する場合がある。このとき，施設長等は，児童福祉法47条5項に基づいて児童に必要な医療行為を受けさせることができる。あるいは，児童相談所長は，同法33条の7に基づいて親権を制限する（親権喪失（民法834条），親権停止（同834条の2），管理権喪失（民法835条））審判を申し立てることができる。しかし，家庭裁判所の審判には時間がかかるため，急を要する場合には，審判前の保全処分として，親権者の職務を停止し，代わりに親権を行使する職務代行者の選任を請求する（家事事件手続法105条，同174条）。このようにして，親権を制限する審判が効力を生ずるまでの間，親権者の職務の執行を停止し，停止期間中は職務代行者が親権を行使する（医療行為への同意を行う）。職務代行者として，医師，弁護士，児童相談所長，親族等が選任されている。

(e) 養子縁組と里親制度の違い

民法に基づく養子縁組は，養親子関係（法律上の親子関係）を形成し，養親が親権を行使しながら（民法818条2項），養親による児童（養子）の永続的な養育を可能とする。養子縁組には，普通養子縁組と特別養子縁組とがある（第3章参照）。なお，児童相談所長は，特別養子縁組の成立手続への関与が認められている（家事事件手続法164条2項，児福法33条の6の2，同33条の6の3）。

他方で，児童福祉法に基づく里親委託の措置は，児童が保護者の家庭への復帰までの期間や児童が自立するまでの期間（原則18歳に達するまでの期間，法改正について91頁参照）など，一定期間の養育を前提とする。なお，里親は，里子との間に法律上の親子関係は形成されず，また，里子に対する親権はない（58頁参照）。

学習課題

1. 離婚後の共同親権の導入の是非をめぐる議論を調べて，賛成・反対双方の見解をまとめてみよう。
2. 社会的養育の推進に向けて，国や自治体はどのような取組を行っているか調べてみよう。

参考文献

榊原富士子・池田清貴『親権と子ども』（岩波書店，2017 年）

町野朔・岩瀬徹編『児童虐待の防止　児童と家庭，児童相談所と家庭裁判所』（有斐閣，2012 年）

根ケ山裕子『子ども虐待対応 法的実務ガイドブック』（日本加除出版，2020 年）

久保健二『改訂　児童相談所における子ども虐待事案への法的対応』（日本加除出版，2018 年）

6 家族の多様化

本山　敦

《学習のポイント》 グローバル化の進展によって，国際結婚が増え，反面，国際離婚も少なくない。その結果として，国境を越えた子の奪い合い紛争も起きている。また，離婚と再婚（の繰り返し）を経ることで，家族関係が複雑化している。さらに，諸外国では，同性間の家族的結合に法的承認を付与するようになってきている。これらの動向が，わが国の法制度に及ぼす影響について考える。

《キーワード》 国際結婚，国際離婚，ハーグ条約，再構成家族，ステップファミリー，LGBT，GID，同性パートナーシップ制度，同性婚

はじめに

本章では，家族の多様化について学ぶ。多様化の姿は，まさに多様としかいえないが，ここでは，家族の国際化，家族の複雑化，家族と性（セックス，ジェンダー）という3つの観点から，家族の多様化とそれに直面する法制度について概観する。

1. 家族の国際化・国際化する家族紛争

(1) 前史

日本人と外国人の婚姻に関する最初の法制度は，明治6（1873）年の太政官布告第103号「内外人婚姻規則」である。この規則によると，日本人と外国人の婚姻には日本政府の許可が必要とされ，また，日本人女

性が外国人男性と婚姻をすると日本国籍を喪失するなど，多くの制約や差別的な扱いが含まれていた。もっとも，それらの問題点は，国際的な婚姻が少数だったため，広く認識されることはなかった。

第二次大戦後，連合国（実質的には米国）の占領下に置かれたわが国では，日本人女性と米国人男性の国際的な婚姻が多数発生した。その後，日本人妻の多くは，米国人夫に連れられ，渡米したようである。

1970 年代前半まで，国際的な婚姻の大半は，日本人女性と外国人男性の組み合わせだった。1970 年代後半から，日本人男性と外国人女性による国際的な婚姻が多数を占めるようになり，現在に至っている。

令和元（2019）年の人口動態統計によると，国際的な婚姻の件数は 21,919 組であり，全婚姻件数の 3.7% である。日本人男性と外国人女性が 14,911 組（全婚姻件数の 2.5%），日本人女性と外国人男性が 7,008 組（同 1.2%）である。そして，外国人の国籍の内訳は，女性が①中国，②フィリピン，③韓国・朝鮮の順，男性は①韓国・朝鮮，②米国，③中国の順となっている。

(2) 国際的な婚姻の方法

「国際的な婚姻」は，様々な問題を孕（はら）んでいる。最多の〈日本人男性と中国人女性〉の組み合わせで考えてみよう。

(a) 婚姻をする場所

婚姻をする場所（婚姻挙行地）について，日本人男性と中国人女性が日本で婚姻をする，中国で婚姻をする，第三国（例えば，米国）で婚姻をすることが考えられる。

日本で婚姻をする場合，日本人男性に日本法（民法・戸籍法）が適用されるのは当然として，中国人女性にはどの国の法律が適用されるのか。

何が問題なのかというと，例えば，日本民法の婚姻適齢（婚姻可能となる年齢）は男女とも18歳である（民法731条）。ところが，中国民法の法定婚姻年齢は男性22歳以上，女性20歳以上であり（中国民法1047条），婚姻可能な年齢が異なる。18歳の中国人女性が日本人男性との婚姻をしようとする場合，中国人女性に日本法が適用されるのであれば婚姻可能となり，中国法が適用されるのであれば婚姻不可となる。

(b) 準拠法―婚姻の要件

複数の国の法律が相互に抵触する場合に，どの国の法律を基準とするのか（これを「準拠法」という。）を決定しなければならない。

このような問題を専門的に扱う分野を「国際私法（International private law）」という。そして，準拠法を定めるための基本となる法律が「法の適用に関する通則法」である。同法24条が，国際的な婚姻の成立および婚姻の方式について定める。

まず，国際的な婚姻が有効に成立するためには，「各当事者につき，その本国法による」ことが必要である（法の適用に関する通則法24条1項）。つまり，日本人男性は本国法である日本民法の婚姻の成立要件（民法731条以下）と中国人女性は本国法である中国民法の婚姻の成立要件の双方を充足しなければならない。したがって，18歳の中国人女性は，中国民法の法定婚姻年齢に達していないので，日本人男性と婚姻をすることができない。

(c) 準拠法―婚姻の方式

次に，婚姻の方式については，「婚姻挙行地の法による」とされている（法の適用に関する通則法24条2項）。日本人男性と中国人女性が日本で婚姻をするのであれば，婚姻挙行地である日本法が定める方式に従わなければならない。日本法における婚姻の方式とは，具体的には婚姻の届出（民法739条・戸籍法74条）である。日本人男性と中国人女性が市区町村に婚姻の届出をし，それが受理されることで，婚姻が成立する。このように「婚姻」という行為が行われる国の法律が適用されることを「行為地法」という。先述の「本国法」は属人的な，「行為地法」は属地的な法の適用である。

(3) 国際的な離婚

夫婦関係が悪化し，離婚に至ることは，日本人同士の婚姻であれ，国際的な婚姻であれ，基本的に変わらない。そして，婚姻制度は国により異なるが，離婚制度も国により大きく異なる。

(a) 離婚の準拠法

日本で国際的な婚姻をした日本人夫と中国人妻の「離婚は，日本法による」ことになる（法の適用に関する通則法 27 条)。したがって，夫婦は，日本法の定める協議離婚（民法 763 条)，家庭裁判所での調停離婚・審判離婚，裁判離婚（民法 770 条）のいずれの方法でも離婚をすることができる。

(b) 離婚を認めていない国

問題になるのが，外国人配偶者の本国法が離婚を認めていない場合である。具体的には，フィリピンが該当する。

先述のように，日本人男性の国際的な婚姻の相手となる外国人女性の第 2 位はフィリピン人女性である。ところが，フィリピン家族法は離婚を認めていない。では，日本人夫とフィリピン人妻は，夫婦関係が悪化しても離婚をすることができないのか。

このような場合，「離婚は，日本法による」こととなり（法の適用に関する通則法 27 条)，日本法上は離婚をすることができる。しかし，フィリピン法で離婚が認められないとすると，日本法上は離婚した元夫婦と扱われても，フィリピン法上は婚姻中の夫婦と扱われてしまい，複雑な状況となる。日本法上は離婚をしていて日本人男性は再婚可能となるが，フィリピン法上は婚姻が継続していてフィリピン人女性は再婚できない事態となる。

そこで，フィリピン家族法26条2項は，「フィリピン国民と外国人との間の婚姻が有効に挙行され，その後，外国人配偶者が外国において有効に離婚を得て，再婚することができるようになったときは，フィリピン人配偶者も，フィリピン法により再婚することができる。」と定め，離婚を認める外国法と離婚を認めない自国法（フィリピン法）との抵触・衝突を回避し，調整を図っている。離婚を認めないという自国法の建前を維持しつつ，外国で有効に行われた離婚を受容して，自国民が再婚をすることができなくなる不利益を防止している。

家族に関する法制度は多様であり，わが国のように極めて簡単に離婚をすることができる国もあれば（協議離婚。第4章参照），世界には離婚そのものを認めていない国も存在する。そして，異なる法制度を背景とする人々が出会い家族を形成する場合，入口（婚姻）と出口（離婚）のそれぞれにおいて，異なる法制度間の抵触が生じ，それを回避するための法制度（国際私法）が必要になる。

(4) 国際的な子の奪い合い

国際的な婚姻の破綻とそれに起因する夫婦の別居や離婚にともない，深刻な問題となるのが，（元）夫婦による子の奪い合いである。子の奪い合い自体は，日本にいる日本人の（元）夫婦の間でも発生するものの，国際的な子の奪い合いが深刻なのは，紛争が法制度の異なる複数の国にまたがること，物理的に距離があり費用や時間などで紛争当事者の負担が重くなることなどである。

(a) ハーグ条約

オランダ・ハーグの「ハーグ国際私法会議（HCCH）」は，その名のとおり，国際私法の統一を目的に設置された国際機関である。昭和55（1980）年，HCCHは「国際的な子の奪取（だっしゅ）の民事上の側面に関する条約」を採択した（以下「ハーグ条約」と呼ぶ)。同条約は，国際的な婚姻の破綻（離婚に至らない別居の場合も含む）により国境を越えて争われる子の奪いをめぐる紛争の迅速で公平な解決を目指す枠組みである。

ハーグ条約の概要は次のとおりである。同条約の締結国は，①それぞれの国内法で離婚係争中や離婚後に（元）夫婦間の合意や裁判所の許可を得ることなく外国に子を連れ去ることを禁止する，②子がA国からB国に連れ去られた場合，A・B両国が同条約の締結国である場合には，B国の「中央当局」がA国に子を返還する義務を負う。一方の親によって連れ去られた子を他方の親に返還することを条約締結国の責務としている。

(b) ハーグ条約と日本

ところが，わが国のハーグ条約への対応は他の先進諸国に比べて遅れてしまった。同条約を先に締結した諸国から，いわゆる外圧を受け，ようやく平成26（2014）年にわが国は同条約を締結するに至った。また，同条約の締結に先立って，国内法の整備が必要とされ，その国内法が平成25（2013）年に制定された「国際的な子の奪取の民事上の側面に関する条約の実施に関する法律」である（以下「ハーグ条約実施法」と呼ぶ)。

ハーグ条約実施法は，わが国の中央当局を外務大臣とし（ハーグ条約実施法3条)，例えば，A国から日本に子が連れ去られた場合に，その子をA国に返還するかどうかの判断を東京家庭裁判所または大阪家庭裁判所が専門的に審理・判断すると定める（ハーグ条約実施法32条)。

同条約をめぐる裁判は増加していて，国際的な子の奪い合いが少なくない事実を示している。

ハーグ条約に関する情報は，外務省ウェブサイトで公表されており，同条約の締結国についても知ることができる。前述したように，中国人は，日本人男性にとって第 1 位，日本人女性にとって第 3 位の婚姻相手であるが，香港とマカオを除いて中国は同条約を締結していない。したがって，日本人と中国人の間で国際的な子の奪い合い紛争が起きた場合に，同条約に基づく紛争解決はできない。かつて，わが国が各国から同条約の締結を迫られたように，今後，わが国が中国（を含む未締結国）に同条約の締結を求めることも必要である。国際的に承認された公平かつ透明性のある手続によって紛争を解決することは，争いに巻き込まれた子の福祉・利益に資すると考えられるからである。

2. 複雑化する家族

(1) 婚姻・離婚・再婚……

厚生労働省の人口動態統計から，10 年ごとの婚姻数・婚姻率，離婚数・離婚率の推移を見てみる（表 6-1。同統計の第 1 表　人口動態総覧の年次推移および第 2 表　人口動態総覧（率）の年次推移に基づいて作成）。

表 6-1　10 年ごとの婚姻数・婚姻率，離婚数・離婚率の推移

	1980 年	1990 年	2000 年	2010 年	2020 年
婚姻数	774,702	722,138	798,138	700,222	525,507
婚姻率＊	6.7	5.9	6.4	5.5	4.3
離婚数	141,689	157,608	264,246	251,379	193,253
離婚率＊	1.22	1.28	2.10	1.99	1.57

（＊人口千人当たりの婚姻率・離婚率）

婚姻数が急速に減少している反面，離婚数はそれほど減少していないことが分かる。

表 6-2　婚姻に占める再婚の割合

	1995 年	2000 年	2005 年	2010 年	2015 年
再婚率％	18.4	21.0	25.3	25.6	26.8

また，離婚数が高止まりしている結果，婚姻に占める再婚の割合が増加している（表 6-2。厚生労働省　平成 28 年度　人口動態統計特殊報告「婚姻に関する統計」の概況に基づいて作成）。

婚姻の 4 分の 1 超は，夫婦の双方または一方が再婚である。そして，婚姻，離婚，再婚，再離婚，再々婚……というように，婚姻と離婚を繰り返す者は，非常に多くはないとしても，少なくもないのである。

大人（成年者）は，自己決定として，婚姻，離婚，再婚……を自由に選択することができる。ところが，そのような大人（親）に依存して生活しなければならない子（未成年者）は，自らが選んだのではない家族関係や生活の変化に否応なく付き合わされることになる。以下では，そのような問題を法の観点から考えてみる。

(2) 再構成家族・ステップファミリー

婚姻によって構築され，離婚によって解消され，再婚によって再構築されるような家族を「再構成家族」と呼ぶが，英語のステップファミリー（step family）の方が一般的である。離婚・再婚によって継親（継父・継母）と継子によって構成される家族である。なお，継親（けいしん／ままおや）継子（けいし／ままこ）のように，「けい—」「まま—」という 2 種類の読み方がありうる。

(3) ステップファミリーの法律問題

ステップファミリーには，法律上の問題も，事実上の問題も多数存在する。設例を用いて検討する。

設　例

【家族 1】佐藤 A 男・B 女の夫婦間に長男 C 男
A 男と B 女が離婚し，B 女が C 男の親権者となる

【家族 2】鈴木 D 男と E 女の夫婦間に長女 F 女
D 男と E 女が離婚し，D 男が F 女の親権者となる

【再構成家族】鈴木 D 男と B 女が再婚して鈴木夫婦となり，B 女・D 男・C 男・F 女の 4 人で生活する

(a) 法律上の親子関係

B 女と D 男が再婚して，B・D・C・F の 4 人が 1 つ屋根の下で暮らし始めても，B 女と F 女との間に，また，D 男と C 男との間に，法律上の親子関係は自動的に設定されない。B 女と F 女は継母と継子，D 男と C 男は継父と継子という関係に見えるが，継親（継父・継母）と継子は法律上の親子関係ではない。F 女が B 女を「お母さん」，C 男が D 男を「お父さん」と呼び，4 人が親子のように生活していても，法律上の親子関係は存在しないのである。

B 女と F 女，D 男と C 男の間に法律上の親子関係を設定するためには，B 女と F 女，D 男と C 男の間でそれぞれ養子縁組（普通養子縁組）をする必要がある（民法 792 条以下）。これらの者による養子縁組は容易に行うことができ，市区町村に養子縁組届を提出するだけでよい。しかし，その簡単な手続が行われない限り，当事者間には親子としての法律上の権利義務関係は一切生じない。なお，B 女と D 男の再婚によって，B 女と F 女，D 男と C 男の間にはそれぞれ「直系姻族 1 親等」と

いう親族関係が生じるものの（民法725条・726条），これは法律上の親子関係ではない。

(b) 法律上の親子関係がないことの問題

養子縁組によって法律上の親子関係が設定されない場合，どのような問題となるか。

例えば，D男は，親権者としてC男を監護・教育することができない（民法820条）。D男には，C男の生活費や学費を負担する義務もない。したがって，幼いC男が同級生にケガをさせたような場合でも，父でないD男は損害賠償責任を負わない（民法714条参照）。

また，C男はB女の連れ子，F女はD男の連れ子だが，C男とF女の間には兄弟姉妹としての関係は存在しない。C男とF女の間に存在するのは「傍系姻族2親等」という親族関係に過ぎない。C男とF女を法律上の兄弟姉妹にしようとすれば，B女とF女，ないし，D男とC男との間で養子縁組をして，養親子関係を介して，C男とF女を法律上の兄弟姉妹にする必要がある。

(c) 氏をめぐる問題

わが国の法制度は，婚姻・離婚・養子縁組といった身分の変動に対応して，氏が変動する構造になっている。そして，親の身分の変動に伴って，子の氏も変動する（させられる）制度となっている。氏も離婚・再婚・再離婚……によって複雑化する問題なのである。

C男の氏について考えてみよう。

まず，佐藤A男と山田B女が佐藤を称する婚姻をした（民法750条）。佐藤夫婦の間の子C男は佐藤C男となる（民法790条1項）。

佐藤夫婦が離婚をする。B女は，民法767条によって，山田に戻ることも（復氏），佐藤を使い続けることもできる（続称）。B女が続称を選択すると，佐藤B女（母），佐藤C男（子）となり同じ氏になる。B女が復氏を選択すると，山田Ｂ女（母），佐藤Ｃ男（子）となる。別のままでも構わないし，Ｃ男（子）の氏を佐藤から山田に変更することもできる（民法791条2項）。

次に，Ｂ女と鈴木Ｄ男が鈴木を称する再婚をした（民法750条）。母Ｂ女の氏が鈴木になっても，子Ｃ男の氏は自動的には変更されない。また，鈴木Ｄ男と（佐藤または山田）Ｃ男が養子縁組をすると，Ｃ男の氏は鈴木になる（民法810条）。つまり，Ｃ男は，Ｄ男との養子縁組によって法律上の父子関係（養親子関係）を設定すると，実父（佐藤）または実母（山田）に由来した氏が自動的に変わるのである。

また，Ｄ男とＣ男が養子縁組をしないでも，Ｃ男の氏を鈴木にする方法もある。母Ｂ女は再婚によって鈴木Ｂ女となった。母（鈴木）と子（佐藤または山田）というように母子で氏が異なるのは不便だが，何かの理由でＤ男とＣ男の養子縁組を避ける場合もある。そのような場合，Ｃ男は家庭裁判所の許可を得て，母Ｂ女の氏（鈴木）を称することができる（民法791条1項）。それを利用すると，法律上の親子関係（養子縁組）が存在しないにもかかわらず，Ｃ男は，鈴木という氏を称することができる。

3. 性と家族

(1) 性の決定

「婚姻は両性の合意により……」（憲法24条1項），「男女の人権が尊重され……」（男女共同参画社会基本法1条）とあるように，法制度において，男女の別，つまり性別は明確なものと考えられている。

そもそも，性別は，どのように決定されるのだろうか。一般的には，子の出生時に，子の外性器の形状で判別する。そして，子に命名をして出生の届出をすることになる。その出生届には「男女の別」を記入しなければならないとされている（戸籍法 49 条 2 項 1 号）。

ところが，外性器の形状に異常があり，男女を判別できない場合が稀にある。これを間性（インターセクシャル。古くは「半陰陽」と呼ばれた）という。この場合，出生の届出の際に，性別を明記せずに届出をすることも認められている。また，男女のどちらかでとりあえず届出をして，その後，当初の届出のままとすることも，子が成長した段階で性別の訂正を裁判手続によって求めることもできる（戸籍法 113 条）。例えば，出生時に「長女」とされた者について，「長男」への訂正を認めた裁判例がある（水戸家庭裁判所土浦支部平成 11・7・22 審判）。

少数とはいえ，性別が自明でない場合があり，法的な対応が求められるケースが存在するのである。

(2) 性的志向と性自認

2010 年代から「LGBT」という言葉が広まった。L は女性同性愛者（レスビアン），G は男性同性愛者（ゲイ），B は両性愛者（バイセクシャル），T は性転換者（トランスジェンダー）である。LGB は性行為の対象として同性（L ／ G）あるいは両性（B）を志向する性的志向（sexual orientation）に着目し，T は性自認（gender identity）に基づいて男性から女性へ，あるいは，女性から男性へ身体的な性別を転換（Trans）する点に着目している。なお，性的志向と性自認をまとめて SOGI（Sexual Orientation/ Gender Identity）ということもある。

以下では，これらの法的な側面を概観する。

(a) 性的志向

キリスト教の影響から，かつての欧米諸国では同性愛行為（homosexual conduct）が禁忌とされ，多くの国が同性愛行為を処罰の対象としていた。例えば，米国テキサス州法が同性愛行為（sodomy）を重罪としていたところ，平成15（2003）年に米国連邦最高裁判所は同州法を違憲とした。今日でも，イスラム圏には，同性愛行為を処罰の対象とする国が存在する。

わが国には，男性の同性愛行為を示す「男色」「衆道」などの言葉があり，同性愛行為―ただし男性間―には寛容だったようである。明治維新直後に短期間だけ同性愛行為が処罰の対象とされたものの，わが国では，同性愛行為は法の関心の対象外とされてきた。

(b) 性自認

1990年代になると，「性同一性障害（GID：Gender Identity Disorder)」という概念が知られるようになった。

生来の性別（例えば男性）に違和感を持ち続け，他の性別（女性）に変わりたいと考え，海外の医療機関で性別適合手術（性転換手術）を受けた当事者がマスメディアに登場するようになった。もっとも，そのような人が手術によって女性の外観を手に入れたとしても，法律上の性別は出生時に決定された男性のままである。外観は女性，法律上は男性という状況は，本人にとって苦痛かつ不便であろうし，社会にも様々な混乱を生じさせる。

そこで，このような人が法律上（戸籍上）の性別を男性から女性に変更できるかが問題となった。

東京高等裁判所は，「男女の性別は遺伝的に規定される生物学的性によって決定される」として，戸籍上の性別の変更を認めなかった。しかし，同裁判所は，「性同一性障害に苦しみ，いわゆる性転換手術を受けてまでも生来の生物学的性とは別の性の下で生きることを真剣に望む者が相当数いることは否定できない事実」であるとも指摘して，立法的な解決の必要性に言及した（東京高等裁判所平成12・2・9決定)。

その3年後の平成15（2003）年に「性同一性障害者の性別の取扱いの特例に関する法律」が制定された（以下「特例法」という）。

特例法に基づいて，家庭裁判所に対して，戸籍上の性別の変更が申し立てられた件数は，令和2（2020）年の1年間だけで，684件に上る（司法統計令和2年度家事編「第2表 家事審判・調停事件の事件別新受件数―全家庭裁判所」）。性別の変更を求める人は少なくないのである。

とはいえ，特例法に問題がないわけではない。すなわち，性別の変更の申立てができる者は，①18歳以上，②婚姻をしていない（配偶者がいない），③未成年の子がいない，④手術で生殖腺を除去している，⑤手術で新たな外性器の形状を備えている，という5つの要件を充足する必要がある（特例法3条1項）。見方を変えれば，❶未成年の間の性別の変更は認められず，❷配偶者がいる者は離婚をしなければならず，❸未成年の子がいる者は子が成年になるまで待たねばならず，❹❺身体に重篤な侵襲を伴う外科的手術を受けることが必須とされており，わが国の性別変更のハードルは，他国と比べて厳しいとの指摘もされている。

近時，戸籍上の男性が性別の変更の申し立てをしたところ，その男性に配偶者（妻）がいるために認められなかったという事件で，最高裁判所は，令和2（2020）年に，「性同一性障害者につき性別の取扱いの変更の審判が認められるための要件として『現に婚姻をしていないこと』を求める性同一性障害者の性別の取扱いの特例に関する法律3条1項2号の規定は，現に婚姻をしている者について性別の取扱いの変更を認めた場合，異性間においてのみ婚姻が認められている現在の婚姻秩序に混乱を生じさせかねない等の配慮に基づくものとして，合理性を欠くものとはいえない」と判断している（最高裁判所令和2・3・11決定）。

特例法の制定によって，性別の変更が認められた人，つまり，立法によって救済された人がいる一方で，この特例法の枠組みでは救済から漏れてしまう人もいるのである。

(3) パートナーシップ制度と同性婚

同性愛に対する認識が変化するのに伴い，同性愛の当事者が自分たちの関係に法的な承認を求めるようになる。

西欧諸国の婚姻制度は，キリスト教の影響を受けて，一夫一婦制（一夫一妻制）とされ，婚姻は男女間（異性間）で行われることが当然かつ自明の前提とされていた（イスラム諸国のように一夫多妻制を認めている国も存在するが，世界の趨勢から見れば一部にとどまる）。したがって，同性愛者に対する理解が深まり，同性愛者の結合に法的承認を与えるといっても，異性間の婚姻と同じ権利義務関係を同性間に付与することにはならなかった。

(a) 同性パートナーシップ制度

同性のカップルに法的承認を与えるための制度として，「登録パートナーシップ制度」や「生活パートナーシップ制度」などと呼ばれる法制度が各国で創設されるようになった。デンマーク（1989年）を皮切りに，オランダ（1998年），フランス（1999年），ドイツ（2001年），英国（2004年）と，ヨーロッパを中心に広がっていった。

わが国では，諸外国における同性パートナーシップ制度の動きを受けて，2010年前後から，そのような制度の導入を求める当事者の声が顕在化するようになった。

当事者の声は，基礎自治体によって，徐々にすくい上げられることになった。平成27（2015）年3月，東京都渋谷区は，「渋谷区男女平等及び多様性を尊重する社会を推進する条例」を制定し，性的少数者の人権を尊重するともに，一定の要件を満たした同性カップルに「渋谷区パートナーシップ証明書」の交付を開始した。また，同年10月，東京都世田谷区が「パートナーシップ宣誓書制度」を導入した。その後，このような動きは全国の基礎自治体に拡大している。もっとも，これらは，あくまでも基礎自治体レベルでの対応であり，当事者や関係者に法律上の権利義務関係を設定するものではない。

(b) 同性婚

多くの国々が同性パートナーシップ制度を導入するようになった。しかし，当事者は，既存の異性間の婚姻が第 1 級婚姻（first class marriage）とされ，自分たちに与えられた同性パートナーシップ制度は第 2 級婚姻（second class marriage）に過ぎないとして，不満を募らせ，異性婚との同等化を求めるようになった。2000 年のオランダに始まり，カナダ（2005 年），スウェーデン（2009 年），デンマーク（2012 年），フランス・英国（2013 年），ドイツ・オーストラリア（2017 年）といった国々が同性婚を認めるに至っている。

また，平成 27（2015）年 6 月，米国連邦最高裁判所は，同性婚を認めない複数の州の制度を違憲と判断した（米国では，婚姻や離婚の立法権限は各州に属する。換言すると，米国では，婚姻や離婚の制度は州によって異なる）。米国の違憲判断は，わが国でも大きく取り上げられた。その頃から，わが国でも同性婚を認める動きが表面化するようになり，令和 3（2021）年秋の衆議院議員選挙では，複数の政党が同性婚の実現を公約に掲げるなど，立法化に向けた動きも出てきている。

そして，わが国で同性婚の導入を検討する上で問題となるのが，憲法との関係である。すなわち，「婚姻は，両性の合意のみに基いて」と憲法が規定していることから（憲法 24 条 1 項），同性婚の導入は憲法に抵触するという解釈が存在する。他方で，憲法は同性婚を禁じてはおらず，憲法の改正をしなくても，同性婚を認める立法は可能だという解釈もある。このような法解釈の問題のみならず，同性婚を導入するとなれば，膨大な数の法令や社会制度を変更する必要が生じる。婚姻は家族の基礎を構成し，家族は全国民に関わる基本的で，かつ，重要な問題である。すべての国民を巻き込んだ議論が必要であろう。

(c) 同性カップルをめぐる事件

立法の問題とは別に，近時，同性カップルをめぐる事件が相次いで公表されるようになっている。

女性同士のカップル（XとY）は，米国ニューヨーク州で婚姻登録証明書を取得後，日本で結婚式・披露宴を行った。2人は子をもうけるために，YがZから精子の提供を受けた。その後，Yは，Xと別れてZと暮らしはじめ，Xとの関係を一方的に破棄した。Xは，YとZに対して，同性同士の事実婚（内縁関係）が破綻させられたとして，損害賠償（慰謝料）を求めた。なお，この間，もともと男性であったZは，性同一性障害を理由として女性への性別の変更が認められている（つまり，YとZは同性カップルとして生活している）。

裁判所は，XとYが，「婚姻に準ずる関係にあったということができる。したがって，X及びYは，少なくとも民法上の不法行為に関して，互いに婚姻に準ずる関係から生じる法律上保護される利益を有する」と述べて，YがXに対して慰謝料を支払うよう命じた（東京高等裁判所令和2・3・4判決，最高裁判所令和3・3・17決定）。

今後，同性カップルの問題を考えるに際しては，立法化の動きとともに，裁判として現われる事件において，裁判所が，同性カップルに対して，どのような判断をするのかについても注視する必要がある。

学習課題

1. ハーグ条約に関する最新の情報を外務省ウェブサイトで調べてみよう。
2. LGBTなどの性的マイノリティに対して，自分が居住する自治体がどのような施策を行っているか調べてみよう。

参考文献

谷口洋幸ほか編著『性的マイノリティ判例解説』（信山社，2011年）
故光輝『中華人民共和国民法典　2021年1月施行～立法経緯・概要・邦訳～』（日本加除出版，2021年）
奥田安弘『フィリピン家族法の逐条解説』（明石書店，2021年）

7 家族と労働

永野仁美

《学習のポイント》 片働きのカップルの数が減り，共働きのカップルが増える中で，「ワーク・ライフ・バランス」の確保は，労働政策において重要な課題となっている。この課題に関連する施策としては，性別に基づく差別の禁止や労働時間規制，育児・介護休業制度等があるが，これらはどのような内容を持つのだろうか。また，「ワーク・ライフ・バランス」の実現のためには，女性だけでなく，すべての労働者の働き方を見直すことが求められる。法政策について学びつつ，私たちの「働き方」についても考える。

《キーワード》 ワーク・ライフ・バランス，仕事と生活の調和，性差別禁止，労働時間規制，育児・介護休業制度，働き方改革

1. 働き方の変化とワーク・ライフ・バランス

(1) 片働き世帯から共働き世帯へ

第二世界大戦後，高度経済成長を迎えた日本では，次第に，男女間の性別役割分業が一般に広まっていった。世帯主である男性が外で働き，それを内助の功で女性が支える片働きの世帯が多数を占め，結婚や出産を機に仕事を辞める女性も非常に多かった。

しかし，その後次第に女性の就労率は上がり（図 7-1），平成 9（1997）年以降は，共働きの世帯の数が片働き世帯の数を上回ることにもなった（図 7-2）。現在では，結婚や出産というライフ・イベントを迎えたのちも，共働きを選択するカップルの方が多くなっている。

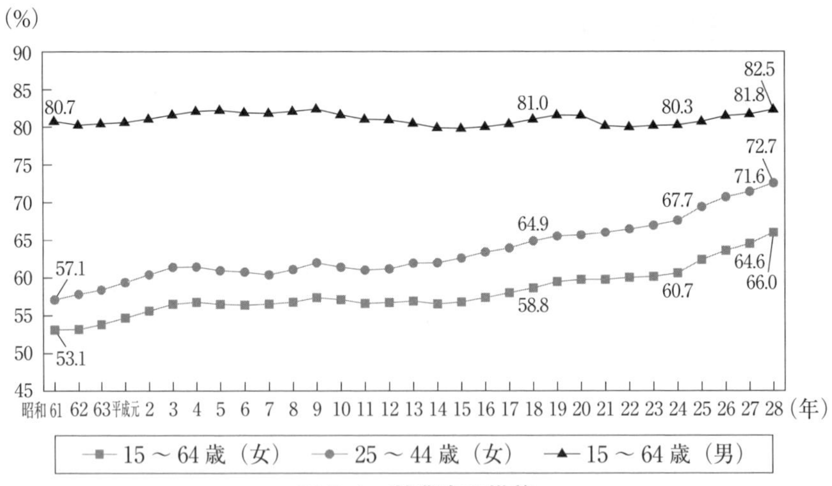

図 7-1　就業率の推移

出典：男女共同参画白書（平成 29 年版）5 頁

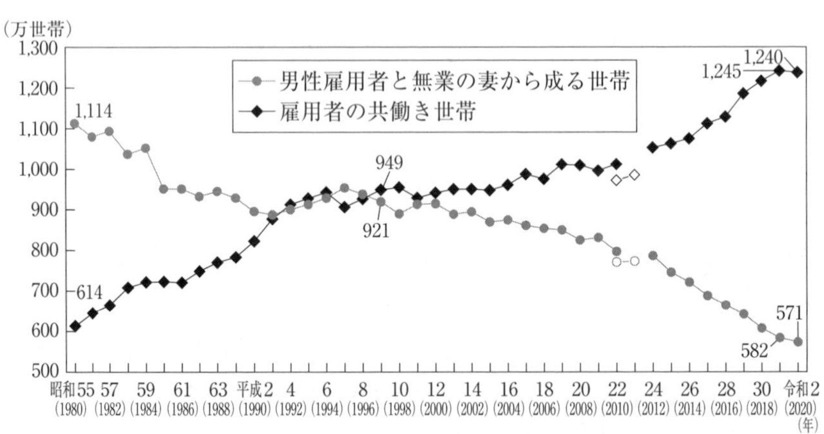

図 7-2　共働き世帯／片働き世帯数の推移

出典：男女共同参画白書（令和 3 年版）110 頁

(2) 仕事と生活の調和

こうした状況の中で，労働政策においては，性別に基づく差別の禁止や，仕事と生活の調和（すなわち，ワーク・ライフ・バランス）の実現が，重要な政策課題となっている。前者については，とりわけ男女雇用機会均等法（以下，「均等法」という）が重要な役割を果たしており，後者については，多様な施策が関係するが，例えば，労働契約法において，「労働契約は，労働者及び使用者が仕事と生活の調和にも配慮しつつ締結し，又は変更すべきものとする」（労契法３条３項）旨が規定されるに至っているところである。

人生 100 年時代を迎える中で，従来に比して就労期間も長くなってきている。性別に関わりなく，家庭生活との調和を図りながら長くなりつつある就労期間を過ごすことは，私たち一人ひとりにとって大切なことといえよう。その実現の一助となるよう，本章では，現在行われている関連する労働政策を確認していこう。

2. 男女雇用機会均等法

(1) 均等法の性格

性別役割分業が一般に見られた時代から，性別に関わらず働き，仕事と生活の調和を図る時代へと変わっていく過程において，重要な役割を果たしてきたのが，均等法である。

均等法は，昭和 54（1979）年に国連総会で採択された女子差別撤廃条約の影響を受けて，昭和 60（1985）年に「女性に対する差別」を禁止する法として誕生した。制定当初は事業主に対し努力義務を課す規定の多かった均等法であるが，数度の改正を経て，現在では，事業主に対する法的義務として「性別に基づく差別」を禁止する法となっている。

すなわち，現在の均等法は，母性保護の局面を除いて，女性差別も男性差別も禁止する法となっている。

(2) 性別に基づく差別の禁止

均等法によって，事業主は，募集・採用に際して，性別に関わりなく均等な機会を求職者に対して与えなければならないとされている（均等法5条）。また，採用後は，①労働者の配置（業務の配分及び権限の付与を含む），昇進，降格及び教育訓練，②住宅資金の貸付けその他これに準ずる福利厚生の措置，③労働者の職種及び雇用形態の変更，④退職の勧奨，定年及び解雇並びに労働契約の更新について[1)]，性別を理由として差別的取扱いをしてはならないとされる（均等法6条）。

なお，これらは，性別に基づく「直接差別」を禁止するものとされているが，均等法は，「間接差別（中立的な基準による区別に見えるが，その基準を用いると差別的な結果が生じるもの）」についても一定の範囲で禁止している。すなわち，合理的理由がないにも関わらず，①募集・採用にあたり身長・体重・体力に関する事由を要件とすること，②募集・採用・昇進・職種の変更にあたり，住居の移転を伴う配置転換に応じることを要件とすること，③昇進にあたり別の事業場への配置転換の経験があることを要件とすることを間接差別に該当するとして禁止している（均等法7条，施行規則2条）。事業主が守るべき規範を明確にする観点からこのような限定が付されているが，諸外国では広く間接差別一般を禁止している例もみられる。間接差別一般を禁止することとするか否かは，今後の日本の検討課題といえよう。

(3) 婚姻・妊娠・出産等を理由とする不利益処分の禁止

均等法は「性別」を理由とする差別を禁止する法であり，性中立的な

---

1) 賃金については，労働基準法4条が，男女差別を禁止している。

性格を有するが，女性労働者のみを対象とする規定も残している。まず，均等法は，婚姻・妊娠・出産・産前産後休業の取得等を理由とする女性労働者に対する不利益取扱い（例えば，解雇や人事考課での不利益な評価等）を禁止している[2)]（均等法9条）。また，妊娠・出産したこと，産前産後休業を取得したこと等に関する「言動」により女性労働者の就業環境が害されることがないよう，雇用管理上必要な措置（いわゆる「マタハラ防止策」）を講じることを事業主に対して義務付けてもいる（均等法11条の3）。妊娠や出産を理由としてなされる「マタニティ・ハラスメント」は，現在，大きな社会問題にもなっている。事業主は，マタハラ防止措置をとることで，女性労働者が働きやすい環境を整えることを求められている[3)]（→4（3））。

3. 労働時間規制

均等法は，性別に基づく差別的取扱いをなくしていくことを目的とする法であるが，男性の処遇と女性の処遇とが等しくなりさえすればよいというわけではない。すべての労働者が差別的な取扱いを受けることな

2）　均等法9条3項が禁止する不利益取扱いに該当するか否かに関する判断枠組みを示したものとして，広島中央保健生活協同組合事件判決（最一小判平成26・10・23）がある。最高裁は，妊娠中の軽易作業への転換を契機としてなされた降格措置は，原則として均等法9条3項が禁止する不利益取扱いに当たるとしつつ，①労働者が受ける有利・不利な影響の内容や程度，事業主による説明などの経緯，労働者の意向等に照らして，労働者が自由な意思に基づいて降格を承諾したものと認めるに足りる合理的な理由が客観的に存在するとき，または，②事業主の業務上の必要性の内容や程度，労働者が受ける有利・不利な影響の内容や程度に照らして，同項の趣旨・目的に実質的に反しないと認められる特段の事情が存在するときは，同項違反とならない旨を判示している。

3）　このほか，事業主は，性別に関わらず，職場における性的な言動により労働者の就業環境が害されることのないように，セクハラ防止措置を講じることも義務付けられている（均等法11条）。

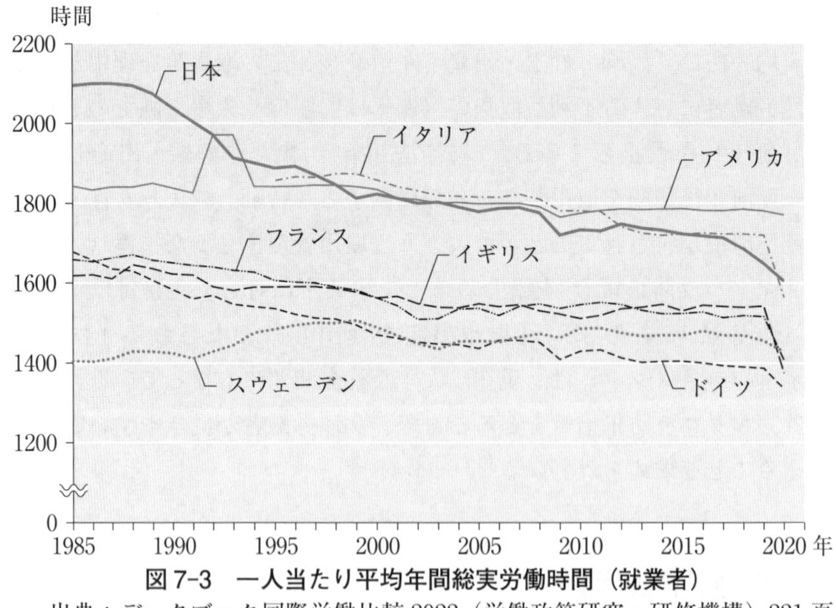

図 7-3　一人当たり平均年間総実労働時間（就業者）

出典：データブック国際労働比較 2022（労働政策研究・研修機構）221 頁

く，労働市場で働いていけるようにするためには，すべての労働者の働き方について検討する必要がある。

(1) 労働時間の状況

日本の労働者は，長時間労働を強いられている。就業者の平均年間総実労働時間は，1980 年代と比較すると大きく減少しているものの，欧州諸国と比較すると長く（図 7-3），また，いわゆる正社員の年間労働時間は依然として 2000 時間前後である[4)]。さらに，日本では，男女間で時間の使い方に大きな相違があることも確認できる。すなわち，男性の有償労働時間が非常に長く，家事などの家庭内での無償労働の多くは，女性が担っている現状がある（図 7-4）。

4）　厚生労働白書（令和 3 年版）212 頁。

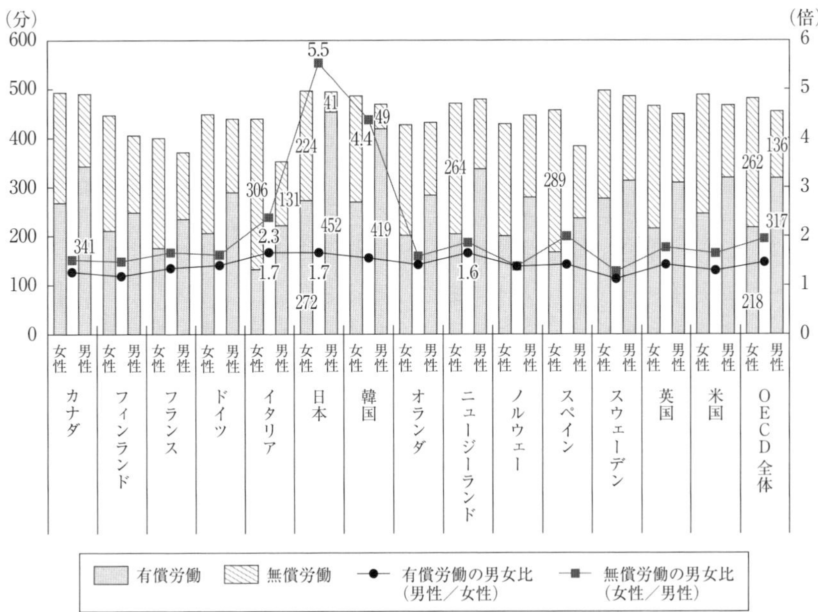

図 7-4　男女別に見た生活時間（週全体平均）（1 日当たり，国際比較）

出典：男女共同参画白書（令和 2 年版）45 頁

労働市場で求められる働き方が，多くの日本の男性労働者が経験している働き方であるとすると，ワーク・ライフ・バランスをとることは非常に難しい。また，それは，女性の働き方の選択にも大きな影響を与えうる。日本において女性の就労促進に関して課題があるとすれば，それは，多くの男性（特に，正社員）の働き方にも原因があるといえよう。

加えて，長時間労働は，仕事と生活の調和に影響を与えるだけでなく，健康にも重大な影響を与えうる。日本では，働き過ぎが原因である「過労死」や「過労自殺」の問題も生じている。

(2) 働き方改革と労働時間規制

こうした状況の中で，平成 30（2018）年に行われた「働き方改革」では，長時間労働の防止の観点から労働時間に対する規制の強化が行われた。

まず，時間外労働は，原則として 1 か月につき 45 時間，1 年につき 360 時間の「限度時間」以内としなければならない旨の規制が加えられた（労基法 36 条 3 項・4 項）。また，時間外労働と休日労働の合計も，1 か月 100 時間未満，かつ複数月ごとの 1 か月平均を 80 時間以内にしなければならないとされた[5)]（労基法 36 条 6 項 2 号 3 号）。こうした上限を守らない場合には，罰則も課せられる。労働時間に罰則付きで上限が付されたのは，初めてのことであり，各企業において働き方の見直しがなされることが期待されている。

加えて，勤務間インターバル制度を設けることも，企業の努力義務として定められた（労働時間等の設定の改善に関する特別措置法 2 条 1 項）。これは，終業時刻と始業時刻との間を少なくとも 11 時間は空けるべきとする EU の労働時間指令がモデルとなったものであり，勤務終了後に一定時間以上の「休息時間」を設けることで，労働者の生活時間や睡眠時間を確保することを目的としている。

(3) 育児・介護への配慮

こうした一般的な労働時間規制に加え，労働者が育児・介護責任を負っている場合には，よりいっそうの配慮が必要である。これに関しては，「育児・介護休業法」が事業主に対して様々な義務を課している[6)]。

5) 臨時的な特別な事情があって労使が合意する場合にも，①時間外労働は年 720 時間以内，②時間外労働と休日労働の合計は月 100 時間未満かつ複数月平均 80 時間以内，③時間外労働が月 45 時間を超えるのは 1 年に 6 か月までとしなければならない（労基法 36 条 5 項 6 項）。

6) 妊産婦については，労働基準法によって，産前産後休業（労基法 65 条）や時間外労働・休日労働・深夜業の免除（労基法 66 条）等の仕組みが設けられている。

例えば，事業主は，3歳未満の子を養育している労働者を対象として短時間勤務制度を設けたり，所定時間外労働を免除する仕組みを設けたりしなければならない（育介法23条1項，16条の8)。また，小学校就学前の子を養育している労働者については，時間外労働や深夜業の免除を認めなければならない（育介法17条，19条)。短時間勤務制度の利用や所定時間外労働の免除，時間外労働・深夜業の免除は，家族を介護する労働者についても認められている（育介法23条の3項，16条の9，18条，20条)。さらに，小学校就学前の子を養育中の労働者や家族の介護を行っている労働者は，突発的な出来事に対応するための子の看護休暇や介護休暇を時間単位で所得することも可能である（育介法16条の2，16条の5)。そして，これらの仕組みの利用等を理由とした不利益取扱いも禁止されている（育介法16条の4，16条の7，16条の10，18条の2，20条の2，23条の2)。

このようにして，育児や家族の介護を行う労働者が，就労を継続しつつ，職業生活と家庭生活とを両立できるよう配慮がなされている。なお，育児中の労働者を対象とする仕組みについては，次に紹介する育児休業の仕組みと合わせて，少子化対策としての側面があることも指摘することができよう。

4. 育児・介護休業制度

育児や家族の介護を行うにあたっては，労働時間への配慮を受けるだけでは不十分な場合もある。そこで，労働者が雇用を維持しつつ休業できる仕組み，すなわち，育児・介護休業の仕組みも導入されている。育児や介護を契機とする離職はもちろん存在するが，この仕組みが存することで，労働者は，雇用を失うことなく，一定の期間，育児や介護に専

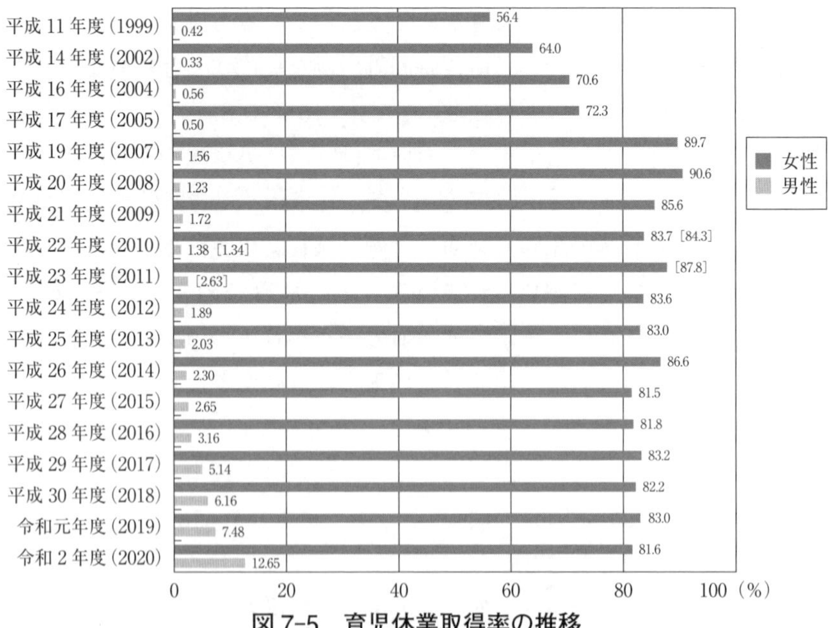

図 7-5　育児休業取得率の推移

出典：厚生労働白書（令和 4 年版）182 頁

（注）平成 22・23 年度の［　］内の比率は，岩手県，宮城県及び福島県を除く全国の結果。

念することが可能となっている。

なお，育児・介護休業は，性別に関わらず取得できる仕組みであるが，実際にこれを取得している者には女性が多い（図 7-5）。性別役割分業の考え方や，それを反映した労働市場における女性の位置付け（女性の方が低賃金である等）が，影響しているといえる。

(1) 育児休業

育児休業は，平成 3（1991）年に創設された仕組みで，原則として子どもが1歳になるまで[7]取得できるものである[8]（育介法5条）。使用者は，業務の繁忙等を理由としてこれを拒否したり，取得時季を変更したりすることはできない（育介法6条）。

事業主は，育児休業期間中の賃金を支払う義務を負わないが，育児休業期間中は，雇用保険から育児休業給付が支給されることとなっており，その間の所得保障が行われる。給付される額は，最初の6か月間は1日につき休業開始時賃金日額の67%であり，6か月を経過すると同日額の50%となる（雇保法61条の7）。雇用保険から給付がなされるのは，この仕組みが，労働者の雇用継続を目指すものであるからである。

なお，育児休業に関しては，その取得率の低さに鑑み，近年，父親の育児休業取得を促すための仕組みが設けられている。例えば，平成21（2009）年の改正では，父親も母親も育児休業を取得する場合に，取得できる育児休業期間を子どもが1歳2か月になるまでとする「パパ・ママ育休プラス」という仕組みが導入された（育介法9条の6）。また，令和3（2021）年の改正では，出生時育児休業（通称，産後パパ育休）が導入され，子の出生後8週間以内（すなわち，女性が産後休業中）に父親が4週間までの休業を取得できることとなった。この休業は，2回に分割して取得することができ（育介法9条の2），また，労使協定を締結している場合には，労働者が合意した範囲で休業中に就労することも可能とされる（育介法9条の5）。より柔軟な休業の仕組みが導入されたわけであるが，これらの施策は，男性及び女性の働き方や家庭責任を再考するきっかけを提供するものといえよう。

7）保育所等に入れないなどの事情がある場合には，最長2歳まで延長が可能とされている。

8）子が1歳6か月になるまでの間に雇用契約がなくなることが明らかでない場合には，有期契約の労働者も育児休業を取得することができる。ただし，労使協定の締結により引き続き雇用された期間が1年未満の労働者を育児休業の対象から除外することができる（無期雇用労働者と同様の取扱い）。

(2) 介護休業

育児休業に加え，平成7（1995）年には介護休業の仕組みも導入された。これは，要介護状態にある家族（配偶者（事実婚を含む），父母，子，祖父母，兄弟姉妹，孫及び配偶者の父母）を介護する者が，家族一人につき通算93日まで3回を上限として取得することができるものである[9)]（育介法11条）。使用者が，業務の繁忙等を理由としてこれを拒否したり，取得時季を変更したりすることができないのは，育児休業の場合と同じである（育介法12条）。また，介護休業期間中，事業主は賃金の支払い義務を負わないが，雇用保険から休業開始時賃金日額の67％が介護休業給付として支給される（雇保法61条の4，附則12条）。

なお，介護には，いつまで続くか予測ができない側面もある。にもかかわらず取得できる期間が通算93日までとなっているのは，その間に介護保険の利用等により介護を行う体制を整えることを念頭においているからである（→第9章2（介護保険制度））。介護離職の防止は，現在の日本における政策課題の1つであるところ，家族の介護が必要になったときに，これを理由に離職を余儀なくされる労働者を減らしたいという目的が介護休業の仕組みにはある。

(3) 育児・介護休業取得に対する不利益取扱いの禁止

育児・介護休業法は，育児休業や介護休業を取得したことに対する不利益取扱いの禁止も定めている（育介法10条・16条）。また，労働者が，育児・介護休業に関してなされたハラスメントについて事業主に相談を行ったこと等を理由とする不利益取扱いも禁止している（育介法25条2項）。さらに，事業主には，育児休業・介護休業の利用等に関す

9) 介護休業開始予定日から起算して93日経過する日から6か月を経過する日までに，雇用契約がなくなることが明らかでない場合には有期契約労働者も取得することができる。育児休業の場合と同様，労使協定の締結により引き続き雇用された期間が1年未満の労働者を休業の対象から除外することができる。

る「言動」によって労働者の就業環境が害されることがないように雇用管理上必要な措置（いわゆる「マタハラ・パタハラ防止策」）を講じることも義務付けられている（育介法25条1項）。

妊娠・出産に対する不利益取扱いの禁止やマタハラ防止対策については均等法が規定を置いているが，均等法の規定は「女性労働者」を念頭に置いたものであった。これに対して，育児・介護休業法は，性別を問わず，育児・介護休業の仕組みを利用することに対する不利益取扱いやハラスメントを禁止している。

加えて，育児・介護休業法は，事業主に対して労働者の配置に関する配慮を行うことも義務付けている。すなわち，事業主は，就業場所の変更を伴う配置の変更において，就業場所の変更により就業しつつ子の養育や家族の介護を行うことが困難となる労働者がいるときには，その子の養育や家族の介護の状況に配慮しなければならない[10)]（育介法26条）。日本の企業では，特に，職務内容や勤務地を限定しない形で労働契約を締結した労働者に対して，転居を伴う配置転換が命ぜられることがしばしばあるが，現在では，こうした配慮が事業主に求められることとなっている。

5. 人生100年時代の労働

ワーク・ライフ・バランスを図りながら，長くなりつつある人生を歩んでいくことは，多くの者にとって重要な課題である。均等法による性

10）　使用者の配転命令に関して，東亜ペイント事件最高裁判決（最二小判昭和61・7・14）は，①配転命令に業務上の必要性が存在しない場合，②配転命令が不当な動機・目的をもってなされた場合，③労働者に通常甘受すべき程度を著しく超える不利益を負わせるものである場合等には，配転命令は権利濫用になる旨を判示している。育児・介護休業法が定めている，子の養育や家族の介護状況に対する使用者の配慮義務は，配転命令の権利濫用性の判断に影響を与えると解されている。

差別禁止規制や労基法による労働時間規制，育児・介護休業法が定める各種の仕組みは，その一助となるものであるが，関連する政策及びその課題はこの他にも数多くある。

例えば，本章では，非正規雇用の問題に触れていないが，この問題も重要である。かつては非正規雇用の問題は，多くの場面で女性労働者の問題として扱われていた。しかし，現在では，男性の非正規雇用労働者も増えている。性別に関わらず，すべての労働者の問題としてこの問題を捉えていく必要がある。なお，これに関しては，平成 30（2018）年の「働き方改革」で，正規雇用と非正規雇用との間の「均等・均衡待遇」の実現に向けて，様々な法改正（不合理な待遇差の禁止，待遇に関する説明義務の強化，行政による事業主への助言・指導や裁判外紛争解決手続の整備）がなされたところである。

また，本章では，「女性労働者」や「男性労働者」という言葉を使ってきたが，性別は単純に二分できるものではない。令和 3（2021）年には「LGBT 理解増進法」の制定が目指されるところにまで至った。性自認が何であれ，すべての労働者が，差別を受けることなく，仕事と生活の調和を図りながら長い人生を過ごせることが重要といえよう。

学習課題

1. 努力義務規定を多く含む法として誕生した「均等法」が現在の形に至るまでの歴史的展開を，特に平成 9（1997）年と平成 18（2006）年の法改正の内容に留意しつつ調べてみよう。
2. 平成 30（2018）年の「働き方改革」では，本文で取り上げた時間外労働時間の上限規制や勤務間インターバル制度の導入，正規雇用と非正規雇用との間の不合理な待遇差の禁止のほかにも，様々な法改正が実現された。その内容を調べてみよう。
3. 子の養育や家族の介護に責任を負う労働者への配転命令が，権利濫用となるか否かに関する近年の裁判例の傾向を調べてみよう。また，日本の労働者がしばしば経験している単身赴任は「労働者が通常甘受すべき不利益」といえるのか否かについても考えてみよう。

参考文献

水町勇一郎『労働法入門　新版』（岩波書店，2019 年）
森戸英幸『プレップ労働法［第 6 版］』（弘文堂，2019 年）
島村暁代『プレップ社会保障法』（弘文堂，2021 年）
黒田有志弥・柴田洋二郎・島村暁代・永野仁美・橋爪幸代『社会保障法（ストゥディア）［第 2 版］』（有斐閣，2023 年）

8　家族と貧困

永野仁美

《学習のポイント》 核家族化や離婚・未婚の増大により生活困難に対する家族による相互扶助機能が脆弱化する中で，社会保障制度の役割に注目が集まっている。中でも，就労生活から引退した高齢者のみからなる世帯や育児と仕事の両立に困難を抱える一人親世帯は，貧困に陥りやすい世帯類型といえるが，彼らに対して社会保障制度はどのような生活保障のための給付を行っているのだろうか。家族機能が脆弱化する中での社会保障制度の役割について，「私的扶養」と「公的扶養」の関係にも留意しつつ考える。
《キーワード》 相互扶助，私的扶養，公的扶養，高齢者の貧困，年金，子どもの貧困，一人親，児童扶養手当，生活保護

1. 家族機能の脆弱化と社会保障制度の役割の増大

(1) 家族形態の変化

日本が高度経済成長を迎えた1960年代ごろから，家族のあり方は次第に変化していった。かつてよく見られた三世代同居の大家族は減少し，現在では，核家族や夫婦のみの世帯，さらには，単身世帯が増加している（図8-1）。

こうした状況の中で，生活困難に対する家族による相互扶助機能の脆弱化が指摘されている。家族は，長きにわたり，その構成員の疾病や障害，加齢，死亡などの様々な生活困難を生ぜしめる出来事に対して，助け合いを実践してきた。しかし，大家族ではない家族は，こうした出来事に遭遇するととたんに，所得の喪失や支出の増大などの困難に直面

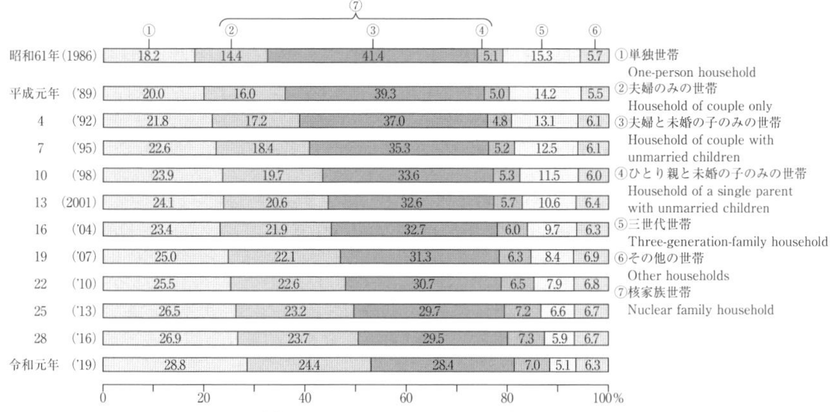

図 8-1：世帯構造別にみた世帯数の構成割合の年次推移

出典：「厚生労働省政策統括官（統計・情報政策担当「グラフでみる世帯の状況－令和３年 国民生活基礎調査（令和元年）の結果から」６頁

し，貧困のリスクにさらされることとなる。家族による相互扶助（私的扶養）が，うまく機能しえないからである。

(2) 社会保障制度による家族機能の補完

家族機能が脆弱化していく中で，その機能を補う役割を果たしているのが，社会保障制度である。社会保障制度は，人々の福祉の向上・増進，個人の自立支援，さらには最低生活保障など，様々な目的をもって展開されているが，家族機能を補い，支援することも，その重要な目的ないし機能の１つとなっている。

社会保障制度による家族機能の補完は，近年，高齢者や障害者に対する介護や子どもの保育などの場面で言及されることが多いが（→第９章），「所得保障」とも関わっている。例えば，就労生活を引退したのちも高齢者のみの世帯で生活を維持し続けられるのは，年金などの収入が社会保障制度によってもたらされているからである。

本章では，まず，家族機能が低下する中で，とりわけ生活困難に陥りやすいと考えられる高齢者や一人親世帯に対して，社会保障制度がいかなる所得保障給付を行っているのかを確認したい。その上で，貧困に陥った理由は問わず，生活困窮の状態にある国民に対して「最後のセイフティネット」として機能する生活保護の仕組みについても紹介することとする。

2. 高齢期の所得保障

(1) 高齢者世帯の増大

三世代同居が一般的であったころ，高齢期の生活は，子ども世代により支えられていた。しかし，現在では，カップルのみまたは単身の高齢者世帯が増えている（図 8-2）。

こうした変化の背景には，子ども世帯との同居を選択しない者の増加，子どもを持たない選択をする者の増加，未婚者の増加などが挙げられよう。また，人生 100 年時代といわれるほどまでに寿命が延びたことにより「高齢期」が長くなっていることも，近年見られる特徴として挙げることができる。高齢期の家族のあり方が変わり，また，その期間も長くなる中で，人々は，どのようにして高齢期の生活を成り立たせているのだろうか。

(2) 公的年金制度

日本の高齢者は，原則として 65 歳になると公的年金を受け取ることが可能となる。公的年金は，高齢期の生活を支える重要な給付であるが，どのような年金を受け取ることができるのかは，現役時代の働き方

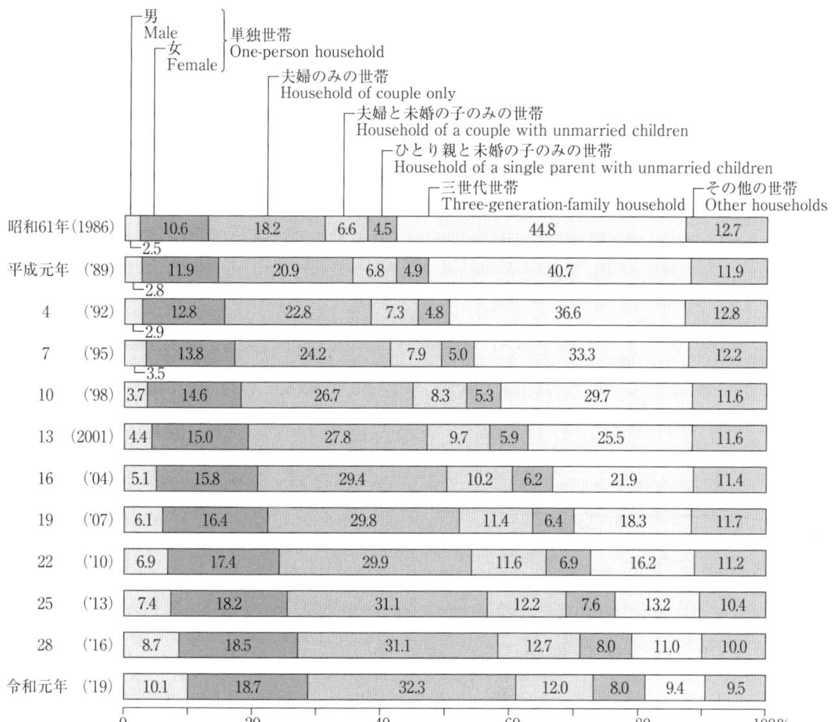

図 8-2　世帯構造別にみた 65 歳以上の者のいる世帯数の構成割合の年次推移

出典：「厚生労働省政策統括官（統計・情報政策担当「グラフでみる世帯の状況－令和３年 国民生活基礎調査（令和元年）の結果から」７頁

による。主要なものとしては，①老齢基礎年金と②老齢厚生年金の２つを挙げることができる。

(a) 老齢基礎年金

老齢基礎年金は，国民年金法が定める年金である。次に説明する厚生年金に加入する者，及び，その被扶養配偶者は，それぞれ第２号被保険者，第３号被保険者として国民年金に加入しなければならない。そして，第 2 号被保険者でも第 3 号被保険者でもない，日本に住所を有する 20 歳以上 60 歳未満の者は，第 1 号被保険者として国民年金に加入することを義務付けられている（国年法 7 条）。この第 1 号被保険者が持っている補足的な性格によって，日本では「国民皆年金」が実現されている。すなわち，長年日本に住んでいる者はすべて，その保険料の支払い実績等に応じて，65 歳になると老齢基礎年金を受け取ることが可能となる。

老齢基礎年金の支給額は，令和 4（2022）年度現在，満額で 77 万 7800 円である。個々人が受け取る具体的な額は，満額×保険料納付月数[1] ÷ 480 カ月で計算されることから（国年法 27 条），満額の老齢基礎年金を受給したければ，40 年にわたり，未納にすることなく保険料を支払っておく必要がある。

(b) 老齢厚生年金

老齢基礎年金に加えて，老齢厚生年金の支給がなされる場合もある。老齢厚生年金は，厚生年金保険法が定める年金で，同法の対象となる民間企業で働く労働者や公務員，私学に勤める教職員は，65 歳になると老齢基礎年金に加えて，老齢厚生年金も受け取ることができる。かつては，民間企業で働く労働者を対象とする厚生年金のほかに，公務員を対象とする共済年金や私学に勤める教職員を対象とする私学共済の仕組みが存在していたが，平成 27（2015）年 10 月に統合され，現在では厚生年金に一本化されている。

老齢厚生年金の支給額は，被保険者期間やその期間中の平均収入[2] に

1） 保険料の減額・免除期間も一定割合で保険料納付月数に算入される。詳しくは，日本年金機構のホームページを参照してほしい。なお，保険料納付済期間と保険料免除期間とを合算した期間が 10 年に満たない場合には，老齢基礎年金を受給することはできない（国年法 26 条）。

2） 厚生年金の保険料負担は報酬に比例することから，給付もそれに比例し，現役時代の報酬が高かった者ほど，より多くの年金給付を受け取ることとなる。

より異なるが（厚年法43条），令和４（2022）年現在，厚生老齢年金の支給も受ける場合のモデル年金額[3] は，月額約22万円である。これが，民間企業で働いていた労働者等が労働市場から引退した後の生活を支える役割を果たしている。

(c) 財政方式

なお，老齢基礎年金と老齢厚生年金のどちらも，「賦課方式」と呼ばれる財政方式を基礎としてその財源調達が行われている[4]。賦課方式とは，現在の被保険者（現役世代）が支払う保険料によって，現在の受給者（高齢世代）への給付を賄う方式であり，世代間の連帯がここで実現されている[5]。かつて，家族の中で行われていた世代間扶養が，社会保障制度を通じて社会全体で行われるようになっていることを指摘することができよう。

(d) その他の年金

以上の年金のほかに，厚生年金の対象とならず，老齢基礎年金しか受給できない自営業者等が，将来の年金受給額を増大させるために任意に加入できる「国民年金基金」の仕組みや，企業がその労働者の引退後の生活のために用意する「企業年金」の仕組みも存在している。さらに，近年特に注目されているものとして，iDeCo（個人型確定拠出年金）を挙げることもできる。iDeCoは，自分で設定した掛金額を拠出・運用し，老後の資金準備をする任意加入の年金で，大きな税制優遇の対象にもなっている。

---

3)　平均的な収入で40年間就業した場合に，夫婦が受け取ることとなる標準的な年金額（夫の老齢厚生年金と二人分の老齢基礎年金（満額）の合計額）。

4)　老齢基礎年金については，その２分の１が税金（国庫負担）により賄われてもいる。

5)　これに対し，「積立方式」では，現役時代の間に将来の年金のために保険料を支払って積み立てておき，老後にその積み立てを切り崩しつつ年金として受給することが行われる。

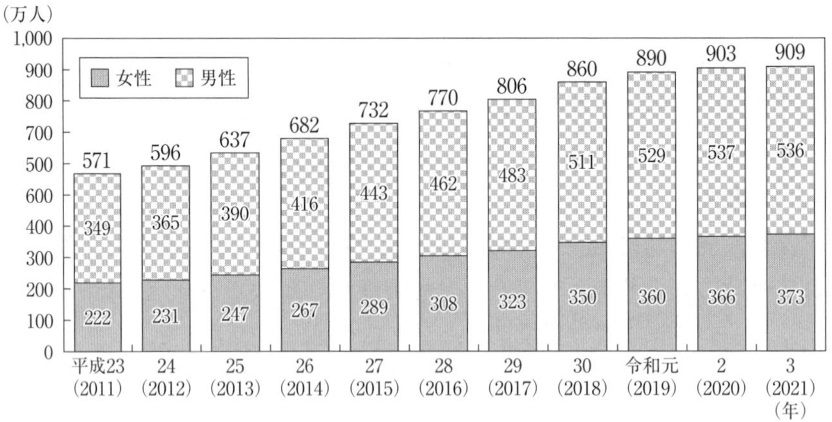

図 8-3　65 歳以上の就業者数の推移

出典：男女共同参画白書（令和 4 年版）158 頁

こうした制度の活用が注目されている背景には，少子高齢化の影響で公的年金の支給水準が抑制される中で[6]，高齢期を子ども世代に頼ることなく過ごせるよう準備をする者が増えていることがある。

(3) 高齢期の就労

高齢期の所得保障の仕組みとして公的年金制度が整えられており，現在では，子ども世代に頼ることなく，高齢期の生活を独立して営むことが可能となっている。ただ，上述のように少子高齢化が進展する中で公的年金の支給水準が抑制されつつあることから，公的年金制度からの給付及びそれまでの私的な貯蓄（iDeCo 等も含む）のみでは不安であり，より長く働きたいと希望する者も増えてきている（図 8-3)。

6)　公的年金の支給水準は，マクロ経済スライド（現役人口の減少や平均余命の伸びに合わせて，年金の給付水準の伸びを自動的に調整する仕組み）により次第に抑制されている。詳細は，厚生労働省や日本年金機構のホームページを参照のこと。

また，平均寿命が延びる中で，保険料拠出期間と年金給付受給期間のバランスが崩れてきていることから，より長く保険料を拠出することに対する要請も高まっている。

(a) 高年齢者雇用安定法

もとより自営業者については定年は存在せず，何歳まで働くかは自由である。しかし，民間企業で働く労働者や公務員には定年が存在している。定年年齢は，55歳が一般的であった時代もあるが，次第に引き上げられ，平成16（2004）年の高年齢者雇用安定法改正により，65歳までの就業機会の確保が民間事業主には義務付けられるようになった。すなわち，①定年制度の廃止，②65歳までの定年延長，③65歳までの継続雇用の保障のいずれかの措置をとることが事業主には課せられることとなった（高年法9条）。そして，令和2（2020）年の同法改正では，さらに進んで，70歳までの就業機会の確保が事業主に課せられる努力義務とされるに至った（高年法10条の2）。

年齢が上がるにつれ，体力や健康状態には個人差も生じるが，就労を希望する者がより長く働けるよう，法が後押しをしているといえる。

(b) 年金の受給開始年齢の選択

さらに，令和2（2020）年には，年金の受給開始年齢について選択の幅を広げる改正も実現された。現在，公的年金の受給開始年齢は，原則として65歳だが（国年法26条，厚年法42条），これを60歳に繰り上げたり，75歳まで繰り下げたりということが可能になっている（国年法28条・附則9条の2，厚年法44条の3・附則7条の3）。受給開始年齢を繰り上げた場合には，毎月の年金の支給額は減り，繰り下げた場合は増えることになる[7)]。

健康状態や就労に不安を感じる者は，労働市場から引退し，より早く

7）　繰上げ減額率は0.5％×繰り上げた月数，繰下げ増額率は0.7％×繰り下げた月数である。

年金を受給し始める。逆に，就労の継続を希望する者は，高年齢者雇用安定法の後押しも受けてより長く働き，老齢年金の受給開始年齢を繰り下げる代わりに，いざ年金を受給するときにはより増額された年金を受け取る。このようにして，高齢期の所得保障のあり方に選択の幅を持たせることが，高齢者像が多様化している近年，模索されているといえる。

3. 一人親への支援

(1) 一人親世帯が抱える困難

一人親であることも，貧困リスクを高める要因の１つであるところ，近年，死別や離婚により一人親世帯となる者も増加している（図 8-4）。

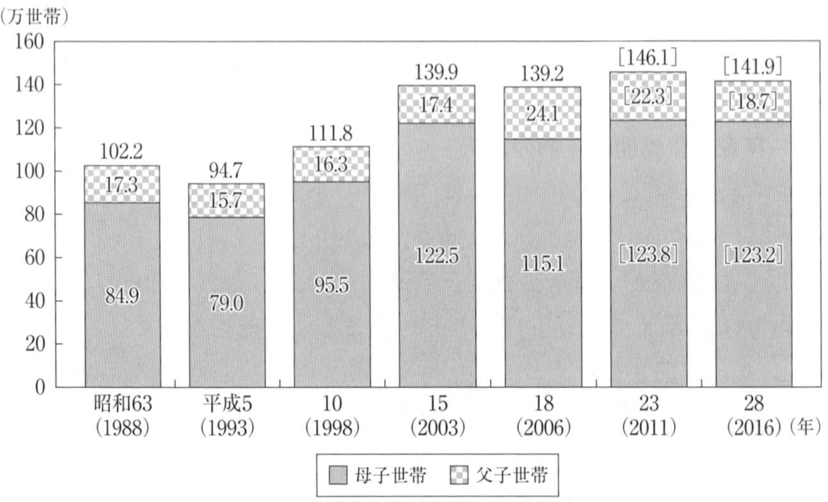

図 8-4　母子世帯数及び父子世帯数の推移

出典：男女共同参画白書（令和 4 年版）26 頁

大家族が一般的であった時代には，一人親になっても，他の家族・親族が生活を支えてくれたり，育児を担ってくれたりすることを期待できた。しかし，家族の単位が小さくなった現在，一人親であることは，仕事と育児の双方を一人で一手に引き受けなければならないことを意味する。育児期間中は，就労を制限せざるを得ず，それゆえ十分な就労所得を得ることが困難となりがちである。昨今，「子どもの貧困」が社会問題として取り上げられることが多いが，実際のところ，一人親世帯であることは，「子どもの貧困」を生ぜしめる要因の1つにもなっている。

(2) 一人親世帯を対象とする金銭給付

こうした困難を抱える一人親世帯に対して，社会保障制度はどのような給付を行っているのであろうか。重要なものとして，遺族年金の仕組みと児童扶養手当の仕組みが存在している。

(a) 遺族年金

まず，死別により家計維持者を失ってしまった世帯に対しては，遺族年金の支給がある。遺族年金には，遺族基礎年金と遺族厚生年金とがあり，それぞれ，国民年金の被保険者等の死亡と厚生年金の被保険者等の死亡について，その遺族に年金を給付している。ただし，支給されるには，一定の要件を満たす必要がある。

遺族基礎年金は，死亡した国民年金の被保険者等により生計を維持されていた，18歳に達した年度の末日を経過していない子または20歳未満の障害のある子のいる配偶者に対して支給される。両親ともに死亡しているような場合には，子が受給者となる。その支給額は，老齢基礎年金の満額と同額であり，子の数に応じた加算もある（国年法37条以下）。

他方，遺族厚生年金は，厚生年金の被保険者等が死亡した場合に，その者によって生計を維持されていた遺族に支給される年金で，遺族基礎年金の支給対象とならない者も支給の対象となる。すなわち，子のいる配偶者や子のほかに，子のいない配偶者[8]，父母，祖父母，孫（18 歳到達年度の末日を経過していない孫または 20 歳未満の障害のある孫）も，年金を受け取ることができる[9]。ただし，夫，父母，祖父母については被保険者の死亡時に 55 歳以上であることを求められ（支給は，60 歳以降），夫婦については亡くなったのが夫なのか，妻なのかによって，取扱いの差異が存在している。支給額は，老齢厚生年金と同じ計算式で算出される額の 4 分の 3 であるが，被保険者月数が 300 カ月（25 年）に満たない場合には，支給額があまりに少なくなることを防ぐために，300 カ月で計算されることとなっている（厚年法 58 条以下）。

(b) 児童扶養手当

死別の場合には，上記のような遺族年金があるが，離婚により一人親となった場合にはこれを受け取ることはできない。しかし，離婚により一人親世帯になった場合にも，生活困難に直面する可能性は高い。そこで用意されているのが，児童扶養手当[10] の仕組みである。児童扶養手当は，昭和 34（1959）年の国民年金法制定に際し遺族基礎年金の前身となった母子福祉年金が創設されたのを受けて，昭和 36（1961）年に創設された社会手当である。

令和 4（2022）年 4 月現在の支給額は，満額で月額 4 万 3070 円であり，子どもの数に応じて加算がある一方，就労所得等[11] に応じて支給

8） 30 歳未満の子のない妻が受給者となる場合，支給期間は 5 年間である。

9） 受け取る順位は，①子のある配偶者（夫は 55 歳以上）または子，②子のない妻または 55 歳以上の夫，③ 55 歳以上の父母，④孫，⑤ 55 歳以上の祖父母となっている。

10） 一人親世帯を対象とする児童扶養手当とは別に，子育て世帯一般を支給対象とする社会手当として，児童手当の仕組みもある（児童手当法 4 条以下）。児童手当は，中学校卒業までの児童を養育している者に支給される。

11） 子の監護をしていない親から養育費が支払われる場合（→第 4 章 6（養育費）），その 8 割相当額が所得として加算される（児扶手法 9 条 2 項，施行令 2 条の 4 第 6 項）。

額が逓減される仕組みとなっている[12]（児扶手法 5 条・9 条）。就労所得等が一定額を超えた場合に児童扶養手当の支給額が大幅に減額されると，一人親世帯の就労インセンティブにマイナスの影響を与えることから，逓減の仕組みが採用されている。

また，平成 20（2008）年 4 月以降は，手当の受給期間が 5 年を超える等すると，その半額が支給停止とされることとなった。離婚等による生活の激変を緩和しつつ，一人親世帯の自立を促すために，このような措置がとられている。もっとも，受給者が就労または求職活動をしている場合や，傷病により働くことができない場合等には，一時支給停止は適用除外となる（児扶手法 13 条の 3）。一人親で就労しつつ子育てをすることへの配慮は，こうした形で残されている。

(c) 男女差の解消

ところで，遺族基礎年金や児童扶養手当は，かつては母子世帯をその支給対象としていた。男性が主たる家計維持者として働き，女性がそれを内助の功で支えるという「性別役割分業」が一般的であった時代には，働き手を失った母子世帯は，貧困に陥るリスクが高く，社会保障給付により保護する必要性が高かったからである。しかしながら，労働市場において非正規雇用で働く男性の増大がみられること，一人親で就労しながら子育てをすることの大変さは父子世帯でも同じであること等を理由として，近年，父子世帯へのこうした制度の適用を求める声が強まることとなった。

そうした中で，まず，平成 22（2010）年 8 月に児童扶養手当の支給対象が父子世帯に拡大されることとなり，次いで，平成 26（2014）年 4 月に遺族基礎年金も父子世帯に支給されることとなった。社会状況の変化を踏まえ，社会保障制度においては，男女間で存在していた取扱いの

12）　子どもが一人の場合，一定の所得を超えると，支給額は 43,160 円から 10 円刻みで 10,180 円まで減額される。

差異を解消する動きがみられるが[13]，これもその重要な一例といえよう。

ただし，遺族厚生年金については，上述のように依然として男女差が残っている（→3（2）(a)）[14]。この男女差の解消は，今後の課題であり，性別ではなく経済状況等の必要性によって給付の範囲を画する制度へと変容していくことが社会保障制度には求められよう。また，遺族年金は，法律婚だけでなく事実婚のカップルも対象とする制度であるが(国年法5条7号，厚年法3条2号)，家族のあり方が多様化する中で，今後は同性カップルの一人が死亡した場合の，残された配偶者・家族への生活保障についても検討していく必要あろう（→第6章)。

13） このほか，かつて労働者災害補償保険制度の中にあった男女間の外貌醜状（がいぼうしゅうじょう）障害の取扱いの差異も，現在では解消されている。解消のきっかけとなったのは，国・園部労働基準監督署長（労災障害等級）事件（京都地判平成22・5・27）である。同判決は，女性よりも男性に不利な等級付けがなされていた外貌醜状障害について，男女間で大きな取扱いの差異が生じていることは著しく不合理であり，憲法14条1項に違反するとの判断を下した。

14） 地方公務員災害補償法が定める遺族補償年金の事例であるが，遺族である夫にのみ年齢要件を設ける男女間の取扱いの差異について，憲法14条1項違反はないと判示した最高裁判決として，地方公務員災害補償基金大阪府支部長（市立中学校教諭）事件判決（最三小判平成29・3・21）がある。同判決は，「男女間における生産年齢人口に占める労働力人口の割合の違い，平均的な賃金額の格差及び一般的な雇用形態の違い等からうかがえる妻の置かれている社会的状況に鑑み，妻について一定の年齢に達していることを受給の要件としないことは，上告人に対する不支給処分が行われた当時においても合理的な理由を欠くものということはできない」と判示している。なお，厚生労働省は，令和4（2022）年の秋以降，令和7（2025）年に予定されている年金改革に向けて，社会保障審議会で議論を開始する。その中で，老齢厚生年金に残っている男女差の是正も検討される予定である。読売新聞令和4（2022）年8月4日東京朝刊13頁。

4. 最後の砦としての生活保護

(1) 生活保護受給世帯

以上のように高齢期の所得を支えたり，一人親世帯に対する支援を行ったりということを社会保障制度は行っている。しかしながら，高齢者や一人親世帯（特に，母子世帯）は，こうした社会保障の仕組みが存在していてもなお，「貧困」に陥りやすい。実際，生活保護世帯に占める高齢世帯や母子世帯の割合は高く，令和4（2022）年5月の数字で，それぞれ55.8%，4.1%となっている。また，近年，日本経済の状況を理由として，生活保護を受給するその他世帯の総数も増えているところである（表8-1）。

表8-1　世帯類型別世帯数・割合（2022年5月）

	総数	高齢者世帯	母子世帯	傷病・障害者世帯	その他世帯
世帯数	1,631,978	911,340	67,501	403,572	249,565
構成割合（%）	—	55.8	4.1	24.7	15.3

出典：厚生労働省「被保護者調査（令和4年5月分概数）」

(2) 最低限度の生活保障

公的年金や社会手当の仕組みを利用してなお，貧困に陥るリスクが存するわけであるが，この貧困のリスクに対する最後のセイフティネットとなるのが，生活保護の仕組みである。税金を財源[15]とする生活保護は，憲法25条が規定する「健康で文化的な最低限度の生活」を営む権

15）生活保護給付に係る費用は，4分の3を国が負担し，残りの4分の1を生活保護の実施主体である自治体（市町村または都道府県）が負担する（生保法70条以下）。

利（生存権）を保障するために設けられた仕組みで（生保法1条），日本では，この仕組みによって最低生活保障が実現されている（生保法3条）。

なお，高齢であることや一人親であることは，貧困に陥りやすいことを意味し，生活保護の受給者の中にはこうした類型に属するものが多いが，生活保護は，貧困に陥った理由を問わず，生活に困窮する者に対して生活保障の給付を行う仕組みである（生保法2条）。また，外国人であっても，日本に永住・定住する者等については，生活保護の仕組みが準用され（すなわち，昭和29（1954）年に出された通知「生活に困窮する外国人に対する生活保護の措置について」に基づき生活保護が実施され），日本人と同様の保護を受けることができる[16)]。

(3) 補足性の原理

もっとも，生活保護は，補足性の原理に基づいて実施されることから（生保法4条），それが，生活保護受給へのハードルを高めることにもなっている。

まず，生活保護を受給するためには，それに先立ち，資産や能力を活用しなければならない。活用できる資産（例えば，不動産や動産，貯蓄）がなく，どうしても最低生活を維持できない場合にはじめて生活保護による保護を受けることが可能となる。また，稼働能力がある場合には，働いて，就労所得を得ることも求められる。もちろん，資産・能力の活用に関しては様々な例外も認められているが[17)]，資産・能力の活用は，生活保護の受給のための要件となっている。

加えて，扶養や他法を優先的に利用することも求められている。頼ることのできる家族・親族（民法が定める扶養義務者）がいる場合には，まず，彼らに扶養を頼むことが求められる。これを「公的扶養[18)]」に対

16）外国人には生活保護法の適用はないと解されていることから（大分外国人生活保護訴訟・最二小判平成26・7・18），不支給等の決定がなされた場合に，同決定の適法性を取消訴訟で争うことはできない。これに関しては，当事者訴訟で争う可能性が学説により示唆されている。

する「私的扶養」の優先という。また，生活保護以外の仕組みを生活維持のために利用することも求められる。例えば，前述の公的年金や児童扶養手当を先に受給し，これらを受給してもなお，最低生活を営めない場合にはじめて，生活保護の受給は可能となる。

(4)「私的扶養」の優先

ところで，資産・能力の活用が，生活保護受給のための要件であるとされるのに対し，扶養義務者による扶養は「優先」にとどまる。そのため，これに関しては，事実上扶養（仕送り等）が行われたときに，これを要保護者の収入として取り扱う関係にすぎないと解する考え方が多数説となっている。

また，扶養義務については，民法学の議論にならって，生活保持義務と生活扶助義務の2つの義務が想定されている。前者は，配偶者間や未成年の子に対する親の扶養義務についてのもので，非常に強い義務を意味する。対して，後者は，それ以外の親族間の扶養義務を指し，社会通念上それらの者に相応しいと認められる程度の生活を損なわない限度での扶養を求めるものである。つまり，生活保護は，老親に対する子の扶養義務や兄弟姉妹間の扶養義務については，これを強く求めることはしていない。

なお，平成25（2013）年の法改正で，生活保護を実施するにあたり，必要な場合には，扶養義務者に対して必要事項の報告を求めることが可能となった（生保法28条2項）。また，官公署等に扶養義務者について

17）　①最低限度の生活の維持のために所有または利用が必要な資産は保有が認められる。また，それ以外の場合にも，②処分することができない，あるいは著しく困難なもの，③売却代金よりも売却に要する経費が高いもの，④社会通念上処分させることを適当としないもの等については，処分を求められない。例えば，現に居住している家屋・宅地については，処分価値が利用価値に比して著しく大きい場合を除き，保有が認められる。また，障害者や公共交通機関の利用が著しく困難な地域に居住している者が通勤・通学・通院・通所に利用する場合には，自動車の保有も一定の要件の下で認められる。

18）　ここでは，生活保護のような公的仕組みによる生活保障を指す。

の必要書類の閲覧や資料提供を求めたり，銀行や雇用主に報告を求めたりすることも可能である（生保法29条)。もっとも，これらについては，一般に扶養可能性が高い者に限定してなされることとなっており，保護を必要とする者の妨げにならないよう留意することとされている。

「公的扶養」に対し「私的扶養」が優先されるものの，生活保護の実務においては，これを盾に家族・親族に扶養義務を強く求めることは避けるべきことと考えられている。

5. 今後の展望

近年増大している構成員の少ない小規模世帯は，家族内の相互扶助機能の面で弱く，何らかの出来事により生活困難ないし貧困に陥るリスクを抱えている。人生100年時代を迎え，より長い期間，生活困難を生ぜしめるリスクに対して備えなければならなくなっている中で，家族内の相互扶助機能を補完または代替するものとして，社会保障の仕組みは，ますます重要な役割を果たすようになってきている。私的扶養優先の原則をとる生活保護においても，その運用を見る限り，この傾向を否定することはできないだろう。

その一方で，少子高齢化の中で社会保障財政も厳しい状況に置かれている。とりわけ，高齢期の所得保障において重要な役割を果たす公的年金の支給水準は，マクロ経済スライドによって抑制されていくため，自分自身で老後に備えることの必要性も高まっている。家族による相互扶助，それを代替・補完する社会保障制度，そして，就労や自分自身での将来への備えなどを組み合わせて，生活困難を生ぜしめる事由に対応していくことが，今後，ますます重要となろう。

学習課題

1. 高齢者世帯の所得の構成割合（所得に占める公的年金，就労所得，貯蓄等の割合）の推移について，調べてみよう。
2. 「子どもの貧困」に関しては，平成 25（2013）年に「子どもの貧困対策の推進に関する法律」が制定されている。同法の内容，及び，同法に基づき策定されている「子どもの貧困対策に関する大綱」の内容を調べ，日本において「子どもの貧困」対策としてどのような施策がとられているのかを確認しよう。
3. 生活保護の引下げをめぐって，近年，地裁レベルの判決が相次いで出されている（名古屋地判令和 2・6・25，大阪地判令和 3・2・22 等）。生活保護の改定に関して厚生労働大臣が有する裁量権については，最高裁老齢加算廃止訴訟判決（最三小判平成 24・2・28）がその統制のための判断枠組みを示しており，上記の地裁判決もこれを引用している。最高裁が示している判断枠組みを調べてみよう。

参考文献

水町勇一郎『労働法入門　新版』（岩波書店，2019 年）
森戸英幸『プレップ労働法〔第 6 版〕』（弘文堂，2019 年）
島村暁代『プレップ社会保障法』（弘文堂，2021 年）
黒田有志弥・柴田洋二郎・島村暁代・永野仁美・橋爪幸代『社会保障法（ストゥディア）〔第 2 版〕』（有斐閣，2023 年）

9 家族と高齢者・障害者

永野仁美

《学習のポイント》 家族の中に，ケアを必要とする高齢者や障害者がいることもある。かつては，高齢者や障害者のケアは，主として家族（特に女性）により担われていた。しかし，近年では，介護保険や障害福祉サービスなどの社会保障制度を通じたケアの提供が増大している。家族がケアを必要とするときに利用可能な社会保障の仕組みについて紹介すると同時に，関連する諸制度として，成年後見や虐待防止等の仕組みも取り上げて解説する。
《キーワード》 無償労働（アンペイド・ワーク），ケア，介護保険，障害福祉サービス，要介護・要支援，成年後見，虐待防止

1．ケアの社会化

(1) 福祉の担い手

高齢になった親の介護や家族に障害者がいる場合のケアは，かつては家族の責任とされ，特に性別役割分業が顕著であった時代には，女性の仕事とされていた。すなわち，家庭内の女性が無償労働（アンペイド・ワーク）として家族のケアを行っていた。女性には，福祉の担い手としての役割が期待されていたといえる。

(2) 社会保障制度による代替

しかしながら，家族の在り方が変化し，女性の社会進出も進むと，高齢者や障害者のケアを家庭内の女性の無償労働に頼ることは，次第に難しくなっていった（図 9-1）。また，とりわけ高齢者のケアについては，

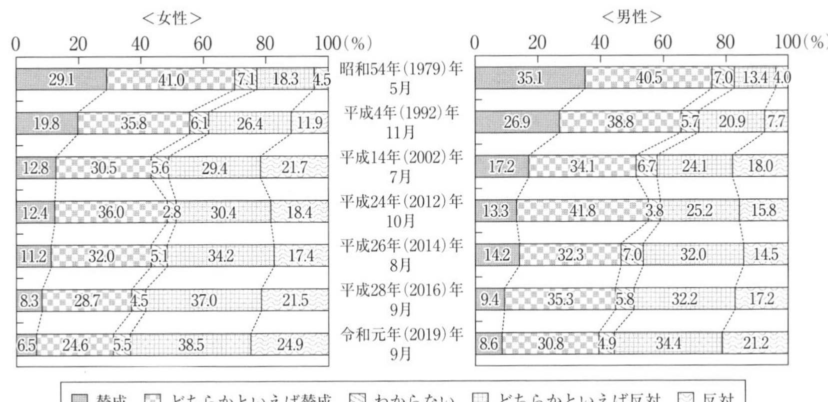

図 9-1　性別役割分業の考え方に関する意識の変化（男女別）

出典：男女共同参画白書（令和 3 年版）111 頁

高齢化の進展により，高齢者が高齢者の介護を行う老老介護の可能性が指摘されるなど，家族内で抱えることはますます困難になっていくことが予想された。そうした中で，次第に社会保障制度を通じて高齢者や障害者のケアを実現していくことが目指されるようになる。

2. 介護保険制度

(1) 介護保険の導入

高齢者の介護に関しては，高齢化の進展も見据えて，平成 9（1997）年に介護保険法が制定されることとなり，平成 12（2000）年 4 月から市町村（特別区を含む）を保険者とする介護保険制度がスタートした。家族の在り方の変化や高齢化の進展の中で，従来の税財源の老人福祉制度による対応では限界があるとして，社会保険である介護保険の仕組みが導入されたのである。

(2) 介護保険の対象者

介護保険制度との関わりは40歳になると始まるが[1]，その関わり方は年齢により異なる。

まず，65歳以上の者は，第1号被保険者として介護保険に加入することとなる（介保法9条1号）。第1号被保険者は，所得段階別に定められた保険料を支払っておき，いざ要介護・要支援状態になったときには，介護保険を使って各種の介護・予防サービスを受けることができる。

他方，40歳以上65歳未満の者は，第2号被保険者として介護保険に加入する（介保法9条2号）。第2号被保険者は，加入している医療保険（民間企業で働く被用者を対象とする健康保険や，自営業者等を対象とする国民健康保険等）を通じて介護保険の保険料を納める。そして，加齢に伴う心身の変化に起因する一定の疾病（特定疾病）によって要介護・要支援の状態になった場合に，介護保険の仕組みを使って介護・予防サービスを受けることができる。40歳未満の者が要介護状態となったり，40歳以上65歳未満の者が特定疾病以外を原因として介護が必要な状態となったりした場合には，障害福祉サービスを利用することとなる（→3）。

(3) 要介護・要支援認定

介護保険の仕組みを使ってサービスを利用するためには，予め，介護

---

1) 介護保険の被保険者の範囲については，制度発足以降，長きにわたり，要介護となった理由や年齢を問わず介護を必要とするすべての人にサービスの給付を行い，あわせて保険料を負担する層を拡大する「制度の普遍化」を目指すのか，「高齢者の介護保険」を維持するのかという観点から，議論が行われてきた。この点は，社会保障審議会介護保険部会「介護保険制度の見直しに関する意見」（令和元（2018）年12月27日）でも，引き続きの検討課題とされている。

保険の保険者である市町村から「要介護・要支援認定」を受けなければならない[2)]（介保法19条）。認定にあたっては，心身の状況等に関する調査が行われ，コンピューターによる一次判定を経て，介護認定審査会による最終的な判定が行われる。

要介護度には1から5の段階が，また，要支援には1と2があり，数字が大きいほど要介護・要支援の度合いが大きいことを意味している。要介護・要支援認定を受けると，その程度に応じて決まっている支給上限の範囲内で，介護サービスや予防サービスを利用することが可能となる。

(4) サービスの種類

介護保険を利用して受けることのできるサービスには，下記のとおり様々なものがある。

まず，要介護認定を受けた者は，介護給付として，①施設サービスや②居宅介護サービス，③地域密着型介護サービスを利用することが可能である。①は，介護老人福祉施設（特別養護老人ホーム）や介護老人保健施設等に入所して受けるサービスを指し，②には，ホームヘルパー等が利用者の自宅を訪問して行う訪問サービスや，利用者がデイサービス等の施設に通う通所サービスが含まれている。また，③には，認知症対応型共同生活介護（グループホーム）や小規模多機能型居宅介護等が含まれている[3)]。さらに，福祉用具の購入費や住宅の改修費の一部も，介

2)　要介護は，身体や精神の障害により日常生活における基本的な動作について継続して常時介護を必要とする状態を指し，要支援は，放置しておくと要介護状態になる危険がある状態を指している。

3)　施設サービスや居宅サービスについては，都道府県・政令市・中核市が事業者の指定・監督を行うのに対し，地域密着型サービスは，市町村が事業者の指定・監督を行う。地域密着型サービスは，要介護・要支援者の住み慣れた地域での生活を支えるために，身近な市町村で提供されることが適当なサービス類型として平成17(2005)年の法改正により導入されたものである。

護保険でカバーされることとなっている。

他方，要支援認定を受けた者は，予防給付として，訪問サービスや通所サービス等の介護予防サービス，地域密着型介護予防サービス等を利用することができる。

これらに加えて，市町村が条例で市町村特別給付を設け，独自サービスを提供することも可能とされている。これにより，市町村は，地域のニーズに合わせて配食サービスや寝具乾燥サービス等を提供できるが，これに係る費用は，第1号被保険者の負担する保険料によって賄われることとなっている。

(5) 利用者負担

介護保険を利用してサービスを受けたときの利用者負担は，制度導入当初は，すべての者について1割とされた。しかし，高齢化の進展の中で介護保険の財政状況が厳しくなるのに伴い，一定以上の所得のある者について利用者負担を引き上げる改正が行われた。現在では，一定以上の所得のある者について，2割または3割の利用者負担が課されている。

昨今，社会保障分野では，厳しい財政状況を背景として，負担能力のある者により多くの負担を求める傾向がみられるが[4)]，これもその一環といえよう。

(6) 65歳問題

ところで，介護に対するニーズは，高齢者及び障害者が共通して有するものである。しかし，現在の日本では，高齢者向けの介護保険の仕組みと障害者向けの障害福祉サービス（→3）とが併存している。両者の関係ついては，障害者総合支援法において「介護保険優先原則」が規定

4） 例えば，75歳以上の後期高齢者の医療サービス利用時の自己負担も，所得に応じて，1割・2割・3割となっている。

されていることから，障害福祉サービスを受けていた障害者も，65歳になると介護保険を優先的に利用することとなる（介保法7条）。

なお，この点に関しては，「65歳問題」と呼ばれる問題が生じていた。すなわち，65歳になると，それまで利用していた障害福祉サービス事業所から介護保険事業所へとサービス提供事業所を変更しなければならないという問題や，障害福祉サービスの下では低所得の場合には生じていなかった自己負担を介護保険においては負担しなければならないという問題である。ただ，この2つの問題については，現在では，「共生型サービス」（介護保険または障害福祉のいずれかの指定サービス事業所について，もう一方の制度における指定を受けやすくするもの）の創設と，介護保険の利用者負担（原則1割）を障害福祉制度により償還する仕組み（65歳に至るまで相当の長期間にわたり障害福祉サービスを利用してきた一定の高齢障害者が対象）の導入によって，一定の立法的な解決が図られている[5)]。

---

5)　見直しのきっかけを提供した訴訟として，浅田訴訟（岡山地判平成30・3・14，広島高裁岡山支部判平成30・12・13）がある。同控訴審判決は，「介護保険給付を利用可能な障害者が，その申請をしない場合に，自立支援法（当時）7条に基づき，自立支援給付の不支給決定をすることについて」は，市町村に合理的裁量があるものの，「その判断の基礎となる事実に看過し難い誤りがあり，又は，その判断の内容が社会通念に照らして明らかに合理性を欠くこと等により，市町村に与えられた裁量権の範囲を逸脱し，又は濫用にわたるものと認められるような場合」には，当該不支給決定は違法となる旨を判示した上で，原告勝訴の判断を下した（ただ，後続の天海訴訟（千葉地裁令和3・5・18）では，「障害者が65歳以上の場合において，当該障害者が要介護状態にあるものであることが見込まれるときは，要介護認定の申請をしないことに正当な理由がない限り，介護保険法の規定による要介護認定の申請をすることが介護給付費（障害福祉サービス）の支給申請の適法要件となる」旨が判示されたことから，この点について東京高裁がどのような判断を下すのかに注目が集まっている）。

3. 障害福祉サービス

(1) 障害者権利条約の影響

高齢者のケアに加え，障害者のケアもかつては家族が担うべきこととされ，とりわけ家庭内の女性（障害児の場合には，特に母親）に大きな負担が寄せられてきた。また，障害者の施設入所も広範に行われ，障害者が地域で生活することは極めて難しい状況があった。

しかし，障害者の自立した生活と地域社会への包容について定める障害者権利条約[6] 19 条の影響もあり，近年，障害者の地域での自立生活を可能にする政策が重要視されている。家族に障害者のケアを任せきりにすることなく[7]，障害者の地域での自立生活を実現するにあたり，障害福祉サービスが果たす役割は，極めて大きいといえる。

(2) 対象者

日本では，伝統的に，身体障害，知的障害，精神障害[8] の 3 つで障害を把握し，それぞれ身体障害者福祉法，知的障害者福祉法，精神保健福祉法に基づき障害福祉サービスを提供してきた。三障害共通の仕組みを導入した平成 17（2005）年の障害者自立支援法においても，サービスの対象者は，身体障害者，知的障害者，精神障害者とされたため，障害福祉サービスに対するニーズを有する難病患者等が，サービスの利用から排除される事態が生じていた。

---

6) 平成 18（2006）年 12 月に国連総会で採択された国際人権条約で，日本は，障害者基本法をはじめとする国内法の整備を経て平成 26（2014）年に批准している。

7) 近年，ヤングケアラー（法律上の定義はないが，家族にケアを必要とする人がいる場合に，家事や家族の世話，介護，感情面のサポートなどを行っている子どもをいう）の存在も，社会問題化してきているところである。

8) 精神障害者は，かつてはもっぱら医療の対象と捉えられてきたが，平成 7（1995）年に制定された「精神保健福祉法」により，福祉サービスを必要とする者としても捉えられるようになった。

そこで，平成24（2012）年に障害者自立支援法を改称する形で障害者総合支援法が制定された際に，制度の谷間に落ち込んでサービスを受けることができない事態が生じないよう，障害福祉サービスの対象者として，難病患者[9]が加えられることとなった。現在では，身体障害者，知的障害者，精神障害者，及び，一定の難病患者が障害福祉サービスの利用者となっている（障総法4条1項）。

(3) 障害支援区分と支給決定

障害福祉サービスを利用したい場合には，障害福祉サービスの実施主体である市町村に申請をして，支給決定を受けなければならない（障総法19条）。申請を受けた市町村は，まず，申請者の心身の状況等についての調査を行う。その後，障害支援区分[10]について，コンピューターによる一次判定を経て，市町村審査会による二次判定が行われる。そして，サービスの利用意向についての聴取や勘案事項の調査を行った上で，市町村が障害福祉サービスについての支給決定を行うこととなっている[11]。

要介護認定に類似する障害支援区分の判定のみならず，市町村による支給決定が求められる点が，介護保険の仕組みとは異なっている。こうした相違の背景には，介護保険の場合には，要介護度に応じて定められている上限を超えるサービスについては，全額自己負担で受けることとされているが，障害福祉サービスについては，上限を設けることなく個別の状況に応じてサービスの提供を行うことが求められていることがあ

9）　令和3（2021）年11月1日以降，障害者総合支援法の対象となる難病等として366疾病が認められている。

10）　障害支援区分は1から6の段階に分かれており，数字が大きいほど支援の必要性が高いことを示している。

11）　ここで紹介したのは，介護給付（→（4））を申請する場合の手続きであり，訓練等給付費の申請をする場合の手続きは若干異なる。

る。なお，支給決定に際しては，障害者総合支援法施行規則12条が定める勘案事項[12]が考慮されるが，決定されたサービスの支給量が十分でない場合には，地域での自立生活に影響がでること等から，支給決定をめぐっては数多くの訴訟が存在している[13]。

(4) 給付の種類

障害福祉サービスの種類としては，中心的なものとして，介護給付と訓練等給付がある。介護給付には，訪問系サービスや日中活動系サービスが含まれている（表9-1）。また，施設に入所して受ける施設系サービスも存在しているが，近年では，障害者の地域での自立生活の実現に

表9-1　介護給付の種類と主な内容

訪問系サービス	居宅介護（ホームヘルプ）	自宅で，入浴，排せつ，食事の介護等を行う。
	重度訪問介護	重度の肢体不自由者又は重度の知的障害若しくは精神障害により行動上著しい困難を有するもので常に介護を必要とする人に，自宅で，入浴，排せつ，食事の介護，外出時における移動支援などを総合的に行う。
	同行援護	視覚障害により移動に著しい困難を有する人に，移動に必要な情報の提供（代筆・代読を含む），移動の援護等の外出支援を行う。
	行動援護	自己判断能力が制限されている人が行動するときに，危険を回避するために必要な支援，外出支援を行う。
	重度障害者等包括支援	介護の必要性がとても高い日に，居宅介護等複数のサービスを包括的に行う。
日中活動系サービス	短期入所（ショートステイ）	自宅で介護する人が病気の場合などに，短期間，夜間も含めて施設で，入浴，排せつ，食事の介護等を行う。
	療養介護	医療と常時介護を必要とする人に，医療機関で機能訓練，療養上の管理，看護，介護および日常生活の世話を行う。
	生活介護（デイサービス）	常に介護を必要とする人に，昼間，入浴，排せつ，食事の介護等を行うとともに，創作的活動又は生産活動の機会を提供する。
施設系サービス	施設入所支援	施設に入所する人に，入浴や排せつ，食事の介護等を行う。

出典：「厚生労働白書（令和4年版）資料編」221頁より作成

重きが置かれている。一方，訓練等給付は，障害者の就労や自立を支援するためのものであり，特に就労系のサービスとして，就労移行支援や就労継続支援[14]，就労定着支援が存在している。就労系のサービスが存在する点で，障害福祉サービスは介護保険とは異なっている。

また，障害者については，その障害ゆえに医療費が多くかかったり，車椅子や補聴器等が必要だったりすることがある。そこで，医療費の負担軽減を目的とする自立支援医療や，補装具費の仕組みも用意されている。

(5) 利用者負担

障害者が障害福祉サービスを利用する際の利用者負担の在り方については，平成17（2005）年制定の障害者自立支援法が，応能負担による利用者負担に代えて1割の定率の利用者負担を導入したことをきっかけとして活発な議論が展開された。1割の定率負担の導入は，障害の程度が重く，より多くのサービスを必要とする者ほど利用者負担も重くなることから，大きな批判の対象となり，障害者自立支援訴訟と呼ばれる訴訟にまで発展した。

障害者自立支援訴訟は，民主党政権下にあった政府と原告団とが，「速やかに応益負担（定率負担）制度を廃止し，遅くとも平成25（2013）年8月までに新たな総合的な福祉法制を実施する」という内容の基本合意文書を締結して，平成22（2010）年に和解した。そして，平成22（2010）年に負担能力に応じた負担を原則とするため，1か月の負担上

12）　勘案事項として挙げられているのは，①障害支援区分または障害の種類・程度，その他の心身の状況，②介護を行う者の状況，③介護給付費等の受給の状況，④介護保険サービス・保健医療サービス・福祉サービス等の利用の状況，⑤障害福祉サービスの利用に関する意向の具体的内容，⑥障害者の置かれている環境，⑦障害福祉サービスの提供体制の整備の状況である。

13）　石田訴訟（和歌山地判平成22・12・17，大阪高判平成23・12・14），鬼塚訴訟（札幌地判平成24・7・23，札幌高判平成27・4・24）等。

14）　就労継続支援には，労働契約の締結がなされる雇用型の就労継続支援A型と，労働契約の締結がなされない非雇用型の就労継続支援B型とが存在している。

表 9-2：利用者負担の上限

区分	世帯の収入状況	負担上限月額
生活保護	生活保護受給世帯	0円
低所得	市町村民税非課税世帯	0円
一般1	市町村民税課税世帯（所得割16万円未満） ※入所施設利用者（20歳以上），グループホーム利用者を除く[(注)]。	9,300円
一般2	上記以外	37,200円

（注）入所施設利用者（20歳以上），グループホーム利用者は，市町村民税課税世帯の場合，「一般2」となる。世帯の範囲は，18歳以上（施設入所している場合は20歳以上）の障害者の場合は，本人と配偶者である。

出典：厚生労働省HP（2022年2月13日最終閲覧）
（https://www.mhlw.go.jp/bunya/shougaihoken/service/hutan1.html）

限を設ける改正がなされ，平成23（2011）年8月には「障害者総合福祉法の骨格に関する総合福祉部会の提言」が公表され，その中で，障害に伴う必要な支援については原則として無償で提供されるべき旨が示されるに至った。

しかしながら，その後，平成24（2012）年の障害者総合支援法において総合福祉部会の提言は実現されず，応能負担で利用者負担を求める平成22（2010）年の改正が維持されることとなった。低所得者については負担を0円とする措置が取られているものの，現在でも，応能負担で利用者負担を求めることがなされている（表9-2）[15]。

利用者負担の在り方に関する議論は，誰が障害により必要になる追加的費用を負担すべきか（個人か，家族か，それとも社会か）という論点を含む，非常に重要なものである。

15） 負担上限に達するまでは，1割の利用者負担が課せられる。

4. 権利擁護

(1) 成年後見

ところで，介護保険も障害福祉サービスも，1990年代に行われた社会福祉基礎構造改革を経て，現在では，サービスの利用にかかる契約に基づいて提供されることとなっている。すなわち，高齢者や障害者である利用者とサービス提供事業者との間でサービス利用契約が締結される。ところが，高齢者や障害者の中には，認知症や知的障害，精神障害などのために，契約を締結する力が十分でない者もいる。そうした場合に不利益を被ることがないよう用意されているのが，「成年後見制度」である（民法7条以下）[16]。判断能力の低減の程度に応じて，後見，保佐，補助の3つの類型が用意されている。

なお，成年後見制度を利用したい場合に家庭裁判所に対して行う申立は，本人，配偶者，四親等内の親族，検察官，市区町村長などが行えることとなっている。近年，市区町村長申立の増大が指摘されているが，依然として約半数は親族からの申立である（図9-2）。また，成年後見人等に家族がなっている割合は19.8%[17]（令和3年）である。こうした数字から，成年後見制度において家族が果たしている役割の大きさをうかがい知ることができよう。

16）成年後見制度を利用するほどの判断能力の低減はみられないものの，サービスの利用に際して何らかの支援が欲しい場合もある。そうした人たちを対象に用意されている仕組みとして「福祉サービス利用援助事業」もある。これにより，福祉サービスの利用に関する相談・助言，利用手続きの援助，利用料の支払いの援助その他の福祉サービスの利用のための援助が提供される（社会福祉法2条3項12号）。

17）その内訳は子53.1%，兄弟姉妹15.2%，配偶者7.4%，親6.3%，その他親族17.9%となっている。「成年後見制度の現状（令和4年8月）」12頁。

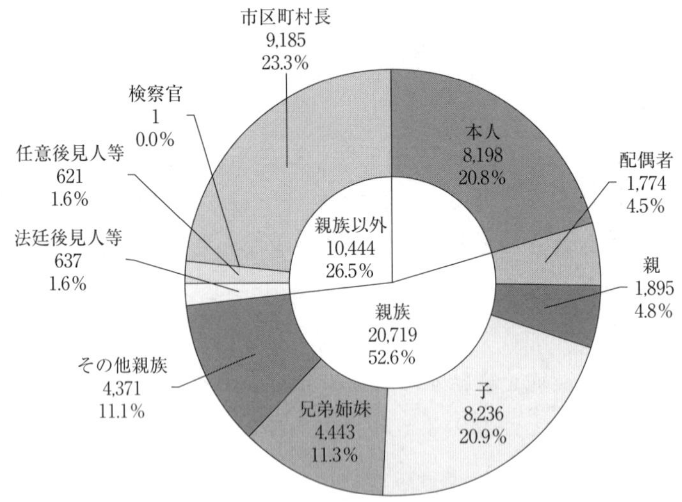

図 9-2　申立人と本人との関係別件数（令和 3 年）
出典：成年後見制度の現状（令和 4 年 8 月）7 頁
https://www.mhlw.go.jp/content/000973029.pdf

(2) 虐待防止

家族は高齢者や障害者を不利益等から守る役割を担う一方，介護疲れなどが要因となって，高齢者や障害者の虐待加害者となってしまうケースもある。実際のところ，高齢者や障害者は，家庭内で，さらには，入所・通所する施設で虐待の被害にあいやすい。そのため，虐待防止のための法律も制定されている。高齢者については，高齢者虐待防止法が平成 17（2005）年に制定されており，障害者についても，障害者虐待防止法が平成 23（2011）年に制定されている[18]。

高齢者虐待防止法は，防止すべき高齢者虐待として，養護者による虐待（高齢者の生活の世話や金銭の管理などをしている家族や親族，同居する人などによる虐待），及び，養介護施設等従事者等による虐待（介

18)　児童虐待防止法については，第 5 章 2（児童虐待への対応）を参照のこと。

護保険施設や介護サービス事業所で働いている職員などによる虐待）を定めている（高虐法２条３項）。また，障害者虐待防止法は，障害者虐待として，養護者による虐待，障害者福祉施設従事者等による虐待，使用者による虐待の３つを規定している（障虐法２条２項）。両法とも，虐待防止のための国等の責務や，虐待を受けた高齢者・障害者の保護のための仕組みを定めるが，同時に，養護者に対する支援（養護者の負担軽減のための相談・指導・助言・その他必要な措置）についても規定している。

虐待が生じるケースでは，加害者の側が支援を必要としていることも多い。本章では，家族が担ってきた高齢者や障害者のケアを社会保障制度が引き受けるようになってきていることを確認したが，家族機能を補完・支援するという社会保障制度の役割は，家族を介護疲れ等から解放するという点において，虐待防止の観点からも重要といえるのではないだろうか。

学習課題

1. 介護保険の利用は，高齢化の進展や介護サービスに対する考え方の変化等により，制度発足以降，年々増加している。介護給付費や保険料，年齢階層別の要介護認定率，要介護度別認定者数等について，その推移を調べてみよう。
2. 障害者権利条約の影響のもと，平成 23（2011）年の障害者基本法改正によって新たな障害者の定義が設けられた。障害者基本法における障害者の定義を調べてみよう。また，それと障害福祉サービスの対象となる障害者の範囲の相違についても調べてみよう。
3. 障害福祉サービスの支給決定に関しては，数多くの訴訟が提起されている。注 13 で紹介した石田訴訟や鬼塚訴訟において，裁判所はどのような判断を示したのかを調べてみよう。
4. 高齢者虐待防止法，及び，障害者虐待防止法では，どのようなことが虐待として定義されているのか調べてみよう。また，どのような相談や通報が数多く寄せられているのかについても調べてみよう。

参考文献

島村暁代『プレップ社会保障法』（弘文堂，2021 年）
黒田有志弥・柴田洋二郎・島村暁代・永野仁美・橋爪幸代『社会保障法（ストゥディア）［第 2 版］』（有斐閣，2023 年）
菊池馨実・中川純・川島聡編著『障害法［第 2 版］』（成文堂，2021 年）

10 家族と住居

岩井勝弘

《学習のポイント》 住居は，所有か賃貸か，一軒家かマンションか等，その観点により様々に分類できる。高齢期には有料老人ホームやサービス付き高齢者住宅等への入居という選択肢も加わる。住居に関する事項について，基本的な知識を得ておくことは大切である。また，近時増加している空き家問題のほか，現代の葬儀・墓地事情について学ぶ。

《キーワード》 賃貸住宅，所有住宅，高齢者施設，空き家，所有者不明土地，葬儀，墓地

1．賃貸住宅

（1）賃貸借契約の締結

（a）概要

建物[1]の賃貸借契約（以下，「借家契約」という）には，普通賃貸借契約と定期賃貸借契約の２つの形態がある。普通賃貸借では契約期間が満了しても建物を明け渡してもらうための正当事由が貸主側になければ契約が更新されるのに対し，定期賃貸借では契約期間の満了により終了し更新されない[2]というのが主な違いである。

借家契約の期間は，法律上の制限はないので貸主と借主の間で決めることができるが，普通賃貸借では，実務上は２年契約としていることが多い。

1） 法律上は，マンションやアパートの一室も「部屋」ではなく，「建物」と呼ぶ。
2） 借主が居住継続を希望する場合は，貸主に再契約を申し出ることになる。貸主がこの申し出に応じるかどうかは全くの自由である。

(b) 敷金

敷金とは，借主の債務不履行に備えて，予め借主が貸主に差し入れておく金銭であり，借家契約満了時に賃料の滞納や建物の修繕費用の支払義務などがなければ，退去後に借主に返還されるものである（民法622条の2)。

なお，敷金の設定は貸主の義務ではないため，様々な理由により敷金なしという物件も存在する。

(c) 高齢期特有の問題

高齢者には，身体機能の低下による建物内での事故や，一人暮らしにおける孤独死のリスクがある。入居時には元気であっても，数年で体調が悪化することも否定できない。建物内で孤独死があると，その物件はいわゆる事故物件となってしまうため，相当に賃料を下げないと次の入居者が見つからない。貸主としては，そのようなリスクを取りたくないため，高齢者の入居を敬遠する傾向にある。

また，高齢者のほとんどは年金で生活しており，十分な年金収入がない場合は切り崩す預貯金が将来なくなることで賃料の支払いが滞る可能性があるため，こういった金銭面での不安も入居を敬遠される要因となる。

借家契約を締結して借主となった後は，後記のとおり，借地借家法で保護されるが，誰と契約するかは貸主の自由（契約自由の原則）であるため，契約の強制はできない。

(2) 普通賃貸借契約の更新に関連する問題

(a) 更新

借主保護の観点から，借家契約は更新されやすいようになっている。すなわち，普通賃貸借では，契約期間満了の6か月前までに貸主から借主に更新拒絶の通知をしないと，従前の契約と同じ条件で更新したものとみなされる（借地借家法 26 条）。これを法定更新という。法定更新後は期間の定めのない契約となるので，後記の正当事由の存在が認められれば，解約申入から 6 か月の経過により契約が終了する。

一方，定期賃貸借では，契約締結前に貸主が借主に対し，契約更新がないことを記載した書面を交付して説明しなければならず，これをしていない場合は，契約更新がない旨の定めが無効となる（借地借家法 38 条）。この場合，契約書に定期賃貸借という記載があったとしても，実質は普通賃貸借であり，更新が可能となる。

(b) 更新拒絶の正当事由

貸主が更新を拒絶するには正当事由の存在が必要である（借地借家法 28 条）。正当事由の存否は，①貸主と借主双方の建物の使用を必要とする事情，②建物賃貸借に関する従前の経過[3)]，③建物の利用状況及び現況，④貸主が借主に申し出た財産上の給付（立退料）によって判断される。

(c) 更新料

普通賃貸借契約を更新する際，借主から貸主に対し，更新料を支払うべきことが契約書に明記されていることがある。更新料の支払は法律上の義務ではなく，地域により商慣習として存在する。国土交通省住宅局が令和元（2019）年度に行った住宅市場動向調査によると，民間賃貸住宅のうち，更新料がある世帯は 40.8%，そのうち，更新料の月数は 1 か月未満が 14.8%，1 か月が 73.7% であった。

最高裁[4)]は，賃貸借契約書の更新料条項（特約）の有効性が争われた事案で，「更新料は，賃料と共に賃貸人の事業の収益の一部を構成する

---

3) 契約締結時の事情や，契約期間，更新料の有無や金額，借主の賃料滞納の履歴など。

4) 平成 23 年 7 月 15 日判決。

のが通常であり，・・・一般に，賃料の補充ないし前払，賃貸借契約を継続するための対価等の趣旨を含む複合的な性質を有する」，「賃貸借契約書に一義的かつ具体的に記載された更新料条項は，更新料の額が賃料の額，賃貸借契約が更新される期間等に照らし高額に過ぎるなどの特段の事情がない限り」有効であると判示した。

(3) 契約終了（建物退去）に伴う原状回復義務

借家契約の終了時，借主は居住（使用）によって生じた損傷を原状に復する義務を負う（原状回復義務。民法621条）。ただし，契約開始時の状態にまで戻す必要はなく，通常の使用で生じた損耗（そんもう）と経年変化については，借主は原状回復義務を負わない。

通常の使用で生じた損耗（通常損耗）とは，通常の用法で建物を使用しても生じる損傷のことをいう。例えば，壁紙の汚れ，床の小傷，畳のすれ，家具の設置跡などは通常損耗の範囲内である。

経年変化とは，使用する時間に比例して自然に生じる変化（劣化）のことをいう。例えば，日光によるフローリングや畳の色あせ，浴室・トイレ内の黄ばみなどは経年変化の範囲内である。

原状回復義務の範囲や貸主・借主の負担割合等については，国土交通省住宅局が平成23（2011）年8月に公表した「原状回復をめぐるトラブルとガイドライン（再改訂版）」で一般的な基準が示されている。

敷金が設定されている物件では，通常，借主が負担すべき原状回復の費用を敷金から差し引いて，残金があれば借主に返還される（敷金では不足する場合は貸主から不足分の支払請求がある）。

2. 所有住宅

(1) 売買・請負に関する手続

(a) 売買・請負契約

住宅を所有する過程は様々である。例えば，土地付建物（建売住宅や中古住宅）やマンション（区分所有建物）は売買契約によって取得する。建築条件付土地の場合，土地は売買契約，建物は請負契約を締結することとなる。

不動産の売買契約では，契約締結時に手付金（代金の5～10％程度）を支払うのが通例である。買主はこの手付金を放棄することで契約を解除することができる。一方，売主は受領済の手付金に同額を付加して（つまり倍額）買主に支払うことで契約を解除できる。ただし，いつまでも解除できるわけではなく，通常は契約書に手付解除の期限が定められている。

不動産の代金は高額であるため，後記のとおり，住宅ローンを組んで支払いに充てる買主が多い。買主は，売買契約締結後に金融機関に融資の申込を行い，承認を得る必要があるが，買主の返済能力や物件の担保価値に問題があると判断されると，融資が承認されない。これにより，買主は（他の資金調達手段がなければ）売買代金の準備ができないこととなり，契約を解除せざるをえない。契約締結後の買主都合による解除であるから，本来であれば手付放棄解除をしなければならないところ，実務上は売買契約に融資特約条項（融資不可の場合は，買主は契約を無条件で解除でき，手付金の返還を求めることができる旨）が設けられていることが多い。これにより，買主は手付金の返還を受けることができるため，買主は契約書に融資特約条項があるかないかを必ず確認し，ないならば条項の盛り込みを交渉すべきである。

請負契約の報酬[5)]は，建築の実務では，支払時期を契約時，着工時，上棟時，引渡時の4回に分けることが多い。契約時に10%，着工時・上棟時・引渡時にそれぞれ30%とする場合もあれば，当事者の事情により異なる割り付け方をする場合もある。建築請負契約でも，上記の融資特約条項（請負の場合は，手付金ではなく，契約時払いの部分報酬が対象となる）が妥当する。

(b) 住宅ローン契約

住宅を購入または新築する際，代金全額を手元資金で支払うことができる者は稀であり，一般的には，預貯金等から代金の一部（いわゆる頭金）を支払い，残りは住宅金融支援機構[6)]や金融機関で住宅ローンを組んで支払うこととなる。

単独でローンを組む以外に，夫婦や親子であればペアローン（同一物件に対してそれぞれがローン契約をし，互いに連帯保証人になる借入方法）を組むことができる[7)]。

金融機関における住宅ローン金利の主な種類としては，固定金利，変動金利，ミックスローンの3種類がある。

住宅ローンの審査は，事前審査（仮審査）と本審査がある。事前審査では，申込者の返済能力等が審査され，融資の可否や融資上限額等が示される。本審査では，事前審査時提出書類のほか，売買契約書や工事請負契約書等の書類の提出を求められる。

本審査に通ると，次は住宅ローン契約（法律上は，金銭消費貸借契約という）の手続を行う。この契約の際，金融機関に対し，所定の融資手

5）民法633条では「仕事の目的物の引渡しと同時に支払わなければならない」と規定されているものの，当事者間の合意が優先される。

6）民間金融機関と提携して，「フラット35」（最長35年の全期間固定金利の住宅ローン）などを提供している。

7）夫婦が離婚しても，金融機関に対するローンの支払義務は残るため，離婚時の厄介な問題となる。

数料（事務取扱手数料ともいう）を支払う必要がある。また，金融機関が融資の条件として，保証会社による保証を求めることがあり，この場合は保証料（保証会社の費用）の負担も必要となる。

(c) 抵当権の設定登記

住宅ローン返済の担保とするため，購入・建築する住宅には抵当権の設定登記がされる。

抵当権とは，金銭の借主（債務者）が返済できなくなった場合に，金銭の貸主（債権者）が担保とした土地や建物の交換価値（競売代金）から優先的に弁済を受ける権利のことをいう。

住宅ローンに保証会社の関与がある場合は保証会社が抵当権者となり，保証会社の関与がない場合は融資した金融機関が抵当権者となる。一般的に，抵当権の設定登記手続は金融機関が指定する司法書士が担当し，その報酬や登録免許税（法務局に納める登記の手数料）は借主の負担となる。

なお，住宅ローンを完済した際は，抵当権者から抵当権の抹消登記に必要な書類の交付を受けて，借主が自己の費用負担で登記手続を行う。

(d) 同時決済

住宅の売主（新築の場合は建築会社），買主，金融機関はそれぞれが有するリスクを回避するため，次のような意向を有する。

すなわち，①売主は，住宅を買主に引き渡すと同時に代金を支払ってもらいたい，②買主は，代金を支払うと同時に住宅を引き渡してもらいたい，③金融機関は，住宅ローンの実行（融資金の交付）と同時に，返済の担保となる抵当権の設定登記をしたい，というものである。

実務では，これらの意向に沿うようにするため，代金支払，住宅引渡し，ローン実行・抵当権設定登記を同時に行うのが原則であり，これを「同時決済」と呼んでいる。

(2) 住宅の維持費

マンションか一軒家かを問わず，毎年，1月1日時点で住宅を所有する者に対して，固定資産税が課税される。また，当該住宅が市街化区域内にある場合は，都市計画税も課税される。

このほか，マンションであれば所定の管理費及び修繕積立金を毎月支払わなければならない。一軒家であれば，物件の管理・修繕の費用は当然に自己負担となる。

マンションでも一軒家でも，火災保険料や家屋内の造作（部材や設備）の修理交換費用が発生することは同じである。

(3) 住宅ローンの返済不能

住宅ローンの返済は長期間のため，借主の病気や怪我，勤務先からの退職などにより，ローンを約定どおり返済できなくなるという事態も考えられる。

一般的に，住宅ローン契約の際，借主は金融機関から団体信用生命保険への加入を求められる。借主が死亡または高度障害状態となった場合，保険会社から金融機関に住宅ローン残高分の保険金が支払われるので，それで住宅ローンは完済となり，遺族または借主は住宅を手放さずに済む。

そうでない場合に，住宅ローンの毎月の返済期日までに所定額の返済をしないと，金融機関から借主に問い合わせがある。3か月から6か月ほど無返済を続けると，金融機関は内容証明郵便により，督促や期限の利益喪失[8]に伴う一括払いの請求をするのが一般的である。

督促段階であれば，返済条件の見直しなどを金融機関に相談すること

8) 期限の利益とは，一定の期限が到来するまで返済を待ってもらえるという債務者の利益をいう。期限の利益を喪失すると，分割払の各期限まで返済を待ってもらうことができなくなり，直ちに残債全部を返済しなければならない。

が可能であるため，返済が困難になった場合（または近い将来なりそうな場合）は，放っておかずに直ちに金融機関に相談すべきである。

一括払請求の期限が過ぎてしまうと，保証会社の関与がある場合は，金融機関は保証会社に保証債務の履行（残債の肩代わり）を求めるので，以後はその保証会社から返済を求められることとなる。よほどの事情がない限り，保証会社が毎月の分割返済を承諾することはないので，借主は残債を一括返済しなければならない。

保証会社の関与がある場合もない場合も，この時点で残された選択肢は任意売却[9)] か抵当権実行による競売しかない。いずれにしろ，住宅を手放さなければならなくなる。

なお例外として，裁判所に個人再生手続を申し立てて，住宅資金特別条項を定めた再生計画が認可されれば，住宅ローンの返済継続が可能となり，住宅を維持することができる。金融機関での相談が奏功しなかった場合は，弁護士に個人再生手続の相談をすることも検討したほうがよい。

(4) 空き家問題

(a) 住宅の数

平成 30（2018）年の「住宅・土地統計調査」（総務省統計局）によると，居住世帯のない住宅は，848 万 8600 戸であった。居住世帯のない住宅は，①二次的住宅（日常では使用していない別荘など），②賃貸用の住宅（入居者募集中の住宅），③売却用の住宅（販売中の住宅），④その他の住宅の 4 種類に分類される。①から③は所有者等が適切に管理し

9)　任意売却とは，不動産の売却代金ではローンを完済することができない（オーバーローン）と見込まれる場合に，不動産の所有者が，抵当権者（金融機関または保証会社）の了解を得て，一般市場で不動産を売却することをいう。抵当権者は，売却代金から必要諸経費を控除した残金すべてをローンに充当してもらう代わりに，ローンの残債があっても，設定されている抵当権の解除に応じる。

ている状態にあるが，④は住宅がそのまま放置されている状態であり，いわゆる空き家問題の対象となる空き家である。

空き家は，平成 15（2003）年は 211 万 7600 戸，平成 20（2008）年は 268 万 1100 戸，平成 25（2013）年は 318 万 3600 戸，平成 30（2018）年は 348 万 7200 戸となっており，右肩上がりの状況にある。

(b) 空き家増加の原因

空き家発生の主な原因は，住宅を所有する高齢者が高齢者住宅・施設や子供の住宅などに転居することと，相続によって取得した住宅を相続人が放置してしまうことにある。

誰も利用していない住宅については，売却や賃貸などが考えられるものの，住宅の状態や立地条件によってはいずれも実現できない場合があるし，解体費用を捻出できないことで放置してしまう場合もある。

また，住宅用地については，税制上の軽減措置により固定資産税や都市計画税が軽減されているところ[10]，建物を解体して更地にすると軽減措置の対象ではなくなり固定資産税等の負担が増すため，あえて建物を残したまま放置する場合もある。

(5) 所有者不明土地

所有者不明土地とは，不動産登記簿等では所有者が直ちに判明しない，または判明しても所在不明で所有者に連絡がつかない土地のことをいう。その原因は，相続登記をしない，または住所変更登記をしないことにある。

所有者不明土地には，①当該土地が管理されていない（放置される）ことが多いため，隣接する土地に悪影響を及ぼすことがある，②当該土地の管理・利用に必要な当事者の合意を形成できない[11] などの問題が

10） 固定資産税は，200 平米までが 6 分の 1 に，200 平米を超える部分は 3 分の 1 に軽減される。また，都市計画税は，200 平米までが 3 分の 1 に，200 平米を超える部分は 3 分の 2 に軽減される。

11） 公共事業などができない，円滑に進まないという問題もある。

ある。

そこで，所有者不明土地の解消に向けて，令和3（2021）年4月に民法と不動産登記法が改正されるとともに，「相続等により取得した土地所有権の国庫への帰属に関する法律」（相続土地国庫帰属法）が新設された。

改正民法では，例えば，所有者不明土地について裁判所が所有者不明土地管理人による管理を命じることができるようになり（民法264条の2），また，裁判所の関与の下で所在不明共有者に対して公告等をすれば，残りの共有者の同意のみで当該土地の変更・管理ができるようになった（民法251条2項，同法252条2項）。

改正不動産登記法では，相続登記申請及び住所変更登記申請が義務化された（不動産登記法76条の2，5）。

そして，相続土地国庫帰属法の新設により，相続または遺贈によって土地の所有権を取得した者が法務大臣の承認を受ければ，土地所有権を手放して，国庫に帰属させることができるようになった。ただし，同法2条3項各号に承認申請できない土地が列挙されているので，注意が必要である。

3. 高齢者住宅・施設

(1) 高齢者住宅・施設の種類や特徴

高齢者の住宅や施設は多様化している。これらのうち，主なものを簡潔にまとめたものが表10-1である。

このほか，高齢者の住まいとして，シルバーハウジングや公営住宅，UR賃貸住宅などもある。

高齢者住宅・施設は，それぞれ受入条件（介護度や認知症の有無な

表 10-1　主な高齢者住宅・施設

名称	特徴
特別養護老人ホーム（特養）	要介護 3 以上の高齢者のための施設。入浴，食事など日常生活の介助を受ける。利用料が比較的安いが，場所によっては入居待機者が多い。
軽費老人ホーム	低所得高齢者のための施設。60 歳以上で，自立した暮らしが難しく，家族等の援助を受けることも難しい方が，食事サービスなどの生活サポートを受けながら暮らす。
介護医療院	要介護 1 以上の高齢者の長期的な医療と介護サービスを行う施設。
介護老人保健施設（老健）	要介護 1 以上の高齢者が在宅復帰を目指すためのリハビリを行う施設。原則として，長期間の入所は予定されていない。
有料老人ホーム	原則要介護 1 以上の高齢者のための施設。介護付ホームの場合は要介護度 5 まで受け入れ，看取りまで対応するところが多い。
サービス付高齢者向け住宅（サ高住）	自立あるいは介護度が軽い高齢者が，見守りと各種サービスを受けながら暮らす賃貸住宅。介護度が重くなったり，認知症が進行した場合は居住を継続できない場合がある。
認知症高齢者グループホーム	認知症高齢者のための共同生活施設。65 歳以上，要支援 2 以上の認知症高齢者が，専門的なケアを受けながら家庭的な雰囲気で共同生活を送る。

ど）や初期費用の有無，月額利用料の多寡，サービス内容（介護，看護，医療など）が異なるので，入居を検討する際はよく吟味する必要がある。

(2) 特別養護老人ホームの入居待機者

令和元（2019）年 12 月の厚生労働省の報道発表資料によると，特別養護老人ホームの入居申込者（入居待機者）は全国で 29 万 2000 人（在宅者が 11 万 6000 人，それ以外が 17 万 6000 人）であった。

人気の理由は，①介護保険施設の 1 つであるため，利用料金が比較的安い，②終身の利用ができる，③事業主体が地方公共団体または社会福祉法人に限られていて，経営が安定している，④都市部に限らず，地方都市やいわゆる過疎地にも設置されている，などである。

4. 葬儀・墓地

(1) 死亡後の手続

(a) 死亡届

死亡の届出は，届出義務者が死亡の事実を知った日から 7 日以内にしなければならない（戸籍法 86 条 1 項）。届出義務者は，同居の親族，その他の同居者，家主，地主，家屋もしくは土地の管理人，同居の親族以外の親族，後見人などである（同法 87 条）。

死亡届は，本人の本籍地，届出人の所在（住所）地，死亡地のいずれかの市区町村役場に提出する（同法 25 条 1 項，88 条 1 項）。

(b) 火葬（埋葬）許可申請

遺体を火葬するには死亡届を受理した市区町村長の許可を受けなければならないため（墓地埋葬法 5 条），死亡届の提出と同時に，火葬（埋葬[12)]）許可申請書の提出を行うこととなる。

なお，死亡届出や火葬許可申請は，葬儀社に依頼して代行してもらうことが可能である。

(2) 仏式の葬式の流れ

(a) 基本的な流れ

最も多い仏式の葬式を例にとると，基本的な流れは，①遺体の搬送と安置，②葬式の打ち合わせ，③納棺，④通夜，⑤葬儀，⑥（繰上）初七日法要[13)]，⑦告別式，⑧出棺，⑨火葬[14)]，⑩骨上げ（収骨）である。その後，四十九日法要，納骨が行われる。

葬式の場所は故人や遺族の考えに基づき，自宅，セレモニーホール，

---

12)　埋葬とは，死体を土中に葬る（土葬）ことをいう。

13)　収骨後に葬式場へ戻ってから初七日法要を行うこともある。

14)　先に火葬が行われ，その後に通夜，葬儀・告別式を行う地域（例えば函館など）がある。骨葬と呼ばれている。

公営斎場などから選ばれる。

通夜とは，家族・親族，友人・知人，近隣住民，仕事関係者などが集まり，故人との別れを惜しむもので，もともとは夜通し行っていたので通夜と呼ばれているが，現在では 18 時〜19 時頃に始まり，数時間で終わることが一般的である。

葬儀とは，喪主（遺族）が故人の冥福を祈って葬る宗教儀式のことであり，故人または遺族の信仰する宗教や宗旨・宗派[15] のルールにより実施される。本来は死亡から埋葬または焼骨（遺骨）の埋蔵までの葬送の儀式を意味するが，現代では火葬当日に行われる葬儀式を指す用語になりつつある。

一方，告別式は宗教儀式ではなく，参列者が故人と最後のお別れをする式典（社会的儀式）である。

葬式とは，通夜，葬儀・告別式，火葬の全体を指す用語である。

(b) 一日葬と直葬

近時，通夜を省略し，葬儀・告別式のみを 1 日で行う「一日葬」や，通夜も葬儀・告別式も省略し，安置場所から火葬場へ直行して火葬する「直葬（ちょくそう）[16]」も増えている。

一日葬は，家族（親族）のみで葬式を行う「家族葬[17]」の場合に選択されることが多い。通常の 2 日の葬式に比べて，費用が割安[18] なことと，関係者が 1 日だけ都合をつければよいので負担が少ないという利点がある。これが増えている背景には，葬式に対する考えの変化や，見込

15) 宗教とは，仏教，神道，キリスト教などの分類をいう。宗旨とは，その宗教の中の流派をいい，仏教では◯◯宗という名称で 13 の宗旨がある。宗派とは，その宗旨の中の分派をいい，◯◯宗◯◯派などという。

16) 略式葬ともいう。

17) 家族葬は「密葬」と混同されがちであるが，密葬とは，後日に本葬やお別れの会を行うことを前提として，家族・親族や親しい者だけに限定して行う葬儀のことをいう。

み参列者数の減少（家族・親族以外に参列者がほぼ見込めない）などがある。

直葬は，故人の遺志や遺族の意思で行われる場合と，やむを得ず行われる場合がある。前者の背景には，葬式に対する考えの変化や，故人や遺族が特定の宗教を信仰しない無信心者であること，身寄りがないこと，親族に参列の負担をかけたくないと思うことなどがある。一方，後者の背景には，孤独死の増加や，貧困世帯の増加などがある。

(3) 葬式費用の負担者と香典の取得者

(a) 葬式費用の負担者

葬式費用を誰が負担するかという問題については見解が分かれているが，近時は喪主が負担するという説が有力であり，法律実務ではこの説に従って事案が処理されている。

もちろん，事前に遺族で話し合いを行い，相続財産からまず葬式費用を支出して，残りを遺産分割する合意や，喪主とは異なる者が負担する合意などが成立すればそちらが優先される。

(b) 香典の取得者

昔は参列者が故人の霊前に線香や花を供えていたが，現代ではそれに代わって金品を供えるようになった。これを香典という。金品を提供する趣旨は一概にはいえないが，葬式という不意の大きな出費に対して，関係者が少額ずつ付与して喪主の費用負担を軽くする趣旨（互助の趣旨）が含まれることは間違いない。

したがって，葬式費用の負担者が香典の取得者となるのが原則である。

---

18)　一般的には割安といわれているが，省けるのは僧侶の読経料（金額が変わらないこともある）や通夜の会場費，参列者の接待費用などだけで，費用の多くを占める祭壇や棺などの費用は変わらないため，具体的状況によってはあまり節約にならないことがある。

(4) 墓地の種類と権利関係

(a) 経営主体別の墓地の分類

墓地を経営主体別に分けると，公営墓地，寺院墓地，民営墓地の３つとなる[19]。

公営墓地は，地方公共団体が経営するもので，墓地使用料（管理料）が割安，宗教・宗旨・宗派が不問などの利点があるが，募集数が少ない（抽選となることが多い），申込期間に限定があるなどの欠点もある。

寺院墓地は，寺院が経営するもので，境内か近隣の場所にある。供養の点では安心感があるものの，当該寺院の檀信徒でないと（もしくは檀信徒にならないと）利用できない。

民営墓地は，形式上，経営主体の名義が宗教法人等となっているものの，そこから石材店や開発業者が委託を受けて，墓地の開発や販売，管理を行うものである。販売数が多く，様々な場所にあり，宗教・宗旨・宗派が不問，墓石の形の自由度が高いなどの利点もあるが，墓地使用料（管理料）が公営墓地に比べて割高で，石材店が指定されていたり，管理の行き届きに差異があったりするなどの欠点もある。

(b) 遺骨の収蔵方法別の墓地の分類

墓地を遺骨の収蔵方法別におおまかに分けると，一般墓，納骨堂，合祀墓（永代供養墓），樹木葬，散骨葬などとなる。

一般墓は，従来からある，墓石を使用するタイプをいう。

納骨堂は，遺骨の保管施設であり，墓地が不足している都市部を中心に増加している。

合祀墓は，不特定多数の遺骨を１つにまとめて納骨する墓のことである。

樹木葬は，墓石の代わりに樹木をシンボルとする墓をいう。樹木葬と

19） このほか，墓地埋葬法施行以前から存在する，地域の共同墓地（集落墓地などともいう）などもあるが，本稿では割愛する。

いう言葉の響きから「遺骨が自然に還る」というイメージになりがちであるが，墓地以外への遺骨の埋蔵は墓地埋葬法で禁止されているため，遺骨を自然の樹木の下に埋めることはできない。

散骨葬は，遺骨を粉骨の状態にして，海や山へ撒くことである。散骨を禁止する法律はないが，条例で禁止を定めている自治体があるので注意が必要である。

(c) 墓地の権利関係

一般的に，墓地や納骨堂の「販売・購入」という言葉の使われ方をしているが，法的にはその区画の所有権の売買ではなく，使用権の売買にすぎない。そのため，墓地の使用権の対価を「永代使用料(えいたいしようりょう)」と呼ぶことも多い。

公営墓地や民営墓地では，契約により一定期間（三十三回忌まで，または30年，60年など）の墓地使用権が設定され，一定期間満了後も使用を継続したい場合は契約を更新する必要がある。そのため，契約当初に支払った一時金の名称が「永代使用料」であっても，それを支払えば永久に使用できるということにはならない。また，使用料のほか，毎年一定額の管理費も支払わなければならない。

一方，寺院墓地では，墓地使用権の期間や更新といった概念はないのが一般的であり，公営墓地のような更新料の支払は必要ない。その代わり，当該寺院の檀信徒として，先祖の法要時の御布施や護持会費，その他定期的な付け届けが必要となる。

いずれの墓地であっても，墓地使用権を第三者に譲渡や転貸することはできない。また，無縁墓地となった場合，墓地使用権は消滅する。

(5) 墓地の承継と墓じまい

位牌，仏壇，墓地・墓石など，祖先を祀るために必要な財産のことを祭祀財産(さいしざいさん)という。

被相続人の遺産は，各相続人に法定相続割合に従って分配されるのが原則であるが，祭祀財産については，民法897条1項で「慣習[20]に従って祖先の祭祀を主宰すべき者が承継する。ただし，被相続人の指定に従って祖先の祭祀を主宰すべき者があるときは，その者が承継する。」と定められていて，遺産とは異なる取り扱いがなされる。祭祀財産には相続税が課税されず，相続放棄をしても祭祀財産を承継することが可能である。

ところで，近年は少子高齢化，核家族化，過疎化を背景として，次世代の墓地の承継者がいないことや管理の負担を理由に，いわゆる「墓じまい」をするケースが増えている。墓じまいとは，墓石等を解体・撤去して更地にし，使用権を墓地の経営主体に返還することをいう。墓に埋蔵されていた遺骨は，他の墓地等に移す必要がある。これを改葬といい，遺骨が埋蔵されていた墓地の市区町村長から改葬許可を得てから実施しなければならない（墓地埋葬法5条1項）。

寺院墓地の墓じまいにおいては，それにより墓地使用者が檀信徒の立場から離れることになるため，離檀料と呼ばれる御布施が必要となる場合がある。そもそも離檀料を受け取らない寺院もあれば，高額な離檀料を請求してトラブルになるケースもある。改葬の際，寺院からは「埋蔵証明書」を発行してもらわなければならないため，檀信徒が離檀料の支払を一切拒否することは事実上難しいように思われるが，法的観点からいえば離檀料の支払義務はなく，これまで世話になったことへの感謝の気持ちを金銭に表すものにすぎない。

20) 現代においても，多くの地域で，その家の氏を名乗る長兄が祭祀財産を承継する慣習が残っていると思われる。

学習課題

1. 「原状回復をめぐるトラブルとガイドライン（再改訂版）」で原状回復義務の範囲や貸主・借主の負担割合の基準がどのように示されているか調べてみよう。
2. 近時，どのような空き家対策が進められているか調べてみよう。

11　家族と財産 1〈法定相続〉

本山　敦

《学習のポイント》 死者の残した財産は，遺言があれば，原則として遺言に基づいて承継されることになる。しかし，遺言が無い場合には，民法の定めに従って一定の範囲の家族に承継されることになり，これを法定相続という。相続制度の基本的な枠組みについて学んだ上で，法定相続の概要について理解する。

《キーワード》 相続人，相続財産，相続分，遺産分割

1．相続法の概観

(1) 概観

相続は，人（自然人）に帰属していた財産が，その人の死亡を契機として（民法 882 条），他の人に承継される制度である。

民法第 5 編相続（民法 882 条から 1050 条まで）が，相続の基本的なルールを定めている。相続は，「法定相続」「遺言（いごん）」「遺留分（いりゅうぶん）」という 3 つの制度から構成されている。

民法の基本的な考え方によれば，人は，所有する財産を自由に売却したり，贈与したりすることができる（所有権絶対の原則・契約自由の原則）。このような考え方にしたがうと，人は，自分の財産の死後の帰属についても，生存中に自由に決定できることになる。これを制度化したものが「遺言」である。しかし，遺言による財産の死後の帰属の決定は，完全な自由とはされておらず，「遺留分」によって制約を受ける場

合がある。つまり，遺留分は，遺言を制約する制度と位置付けられる。

民法の考え方では，人は，自分の財産の死後の帰属について，遺言によって意思を表示することが望まれる。しかし，遺言を作成している人は，現実には，ごく一部にとどまる。そこで，民法は，財産の死後の帰属を決められない事態を回避するため，多くのルールを用意して，死後の財産の帰属を決めることができるようにしている。これが「法定相続」である（民法が定める相続制度だから法定相続である）。

本章では，法定相続について概観する。上述した遺言と遺留分については第12章で，相続に伴う課税（相続税）については第13章で，それぞれ取り上げる。

(2) 基本概念

相続に関する基本概念を説明する。

(a) 被相続人，相続人

相続される者（＝死者）を被相続人，死者の財産を相続する者（＝生者）を相続人という。相続人は，被相続人の一定の範囲内の親族（民法725条・726条）に限定される（後述2）。

(b) 遺産，相続財産

相続の対象となる財産を「遺産」または「相続財産」という。この2つは，基本的には同じ意味である（後述3）。例えば，「遺産の分割」というが（民法906条），「相続財産の分割」とはいわない。また，「相続財産法人」というが（民法951条），「遺産法人」とはいわない。

(c) 単独相続，共同相続

相続人が1人だけの場合を「単独相続」，相続人が複数いる場合を「共同相続」という。相続について紛争となるのは，通常，共同相続の場合である。そこで，以下では，共同相続の場合を主に想定する。

(d) 包括承継（主義），当然承継（主義）

遺産（相続財産）には，不動産や預貯金といった積極財産（プラスの財産）と，借金（債務）などの消極財産（マイナスの財産）の双方が含まれる。相続人は積極・消極の両財産をまとめて（＝包括して）相続しなければならない。これを「包括承継（主義）」という。相続人が，積極財産だけを相続して，消極財産を相続しない，というような都合のよいことは許されない。

また，例えば，父が死亡すれば，子は相続人となる（民法887条1項）。子が父の死亡の事実を知っているかどうかは無関係である。父が死亡すれば，子は父の死亡の事実を知らなくても，当然に相続人になる。このような考え方を「当然承継（主義）」という（民法896条参照）。

2. 相続人

(1) 相続人の範囲

(a) 血族相続人

第1順位：被相続人の子は，相続人となる（民法887条1項）。子が被相続人よりも先に死亡していて，子の子，つまり被相続人の孫がいる場合には，死んだ子に代わって孫が相続人となる（同条2項）。これを代襲（だいしゅう）相続という（後述（2））。

第2順位：第1順位の相続人（子や孫）が存在しない場合，第2順位として，被相続人の直系尊属（父母や祖父母）が相続人となる（民法889条1項1号）。被相続人の父母と祖父母がともに存在する場合には，親等（民法726条）の近い父母だけが相続人となり，親等の遠い祖父母は相続人とはならない（民法889条1項1号ただし書）。

第3順位：第1順位・第2順位の相続人がともに存在しない場合，第3順位として，被相続人の兄弟姉妹が相続人となる（民法889条1項2号）。兄弟姉妹が被相続人よりも先に死亡していて，兄弟姉妹の子，つまり被相続人の甥姪がいる場合には，死んだ兄弟姉妹に代わって甥姪が相続人となる。これも代襲相続である（民法889条2項。後述（2））。

そして，第1順位の相続人が1人でもいれば，第2順位・第3順位は相続人になれない。第2順位の相続人が1人でもいれば，第3順位は相続人になれない。

(b) 配偶者相続人

被相続人の配偶者は，常に相続人となる（民法890条）。夫が死亡すれば，妻が相続人となり，妻が死亡すれば，夫が相続人となる。なお，配偶者相続人は，法律上の婚姻をしている夫婦に限定される。いわゆる内縁（事実婚）の配偶者は相続人になれない（第2章参照）。

(c) 相続人の組み合わせ

相続人の組み合わせは，①配偶者相続人のみ，②第1順位の血族相続人のみ，③第2順位の血族相続人のみ，④第3順位の血族相続人のみ，⑤配偶者相続人と第1順位の血族相続人，⑥配偶者相続人と第2順位の血族相続人，⑦配偶者相続人と第3順位の血族相続人，の7通りである。

これらの組み合わせによって，それぞれの相続人が相続する財産の割合（法定相続分）が変わる（後述4）。

(2) 代襲（だいしゅう）相続

被相続人A，Aの子B，Bの子Cという家族関係において，まずBが死亡して，その後にAが死亡した。この場合，CがBに代って（代襲して），Aを相続する。これを代襲相続という。Aを被相続人，Bを被代襲者，Cを代襲者（代襲相続人）と呼ぶ。

被相続人A，Aの子B，Bの子C，Cの子Dという家族関係で，まずBが死亡し，次にCが死亡し，その後にAが死亡した。この場合，DがAを相続する。代襲相続が2回起きているので再代襲と呼ぶ。

また，被相続人A，Aの兄E，Eの子Fという家族関係において，まずEが死亡し，その後にAが死亡した。この場合，FがEを代襲してAを相続する。そして，第3順位＝兄弟姉妹の相続の場合には，再代襲は生じない（民法889条2項）。つまり，傍系血族間における相続人の範囲は，甥姪までとされており，甥姪の子は相続人にならない。

(3) 相続人としての資格の喪失：欠格，廃除

相続人となる資格を「相続権」という。そして，相続人から相続権を喪失させる場合として，欠格（民法891条）と廃除（民法892条以下）という2つの制度がある。

相続は死亡によって開始するから（民法882条），子が父を殺した場合にも，父について相続が開始する。もし，子が相続人となって父の遺産を取得できるとするなら，殺人の誘発や加害者への利益提供になりかねない。そこで，民法は，相続人が被相続人や先順位・同順位の相続人を故意に死亡させたような場合や（民法891条1号），相続人が被相続人の遺言を偽造したような場合に（同条5号），その相続人を「欠格」と扱い，相続権を剥奪する。

他方，廃除は，被相続人からの申立てに基づいて，家庭裁判所が相続人から相続権を剥奪するか否かを決める制度である。相続人が被相続人を虐待したり，重大な侮辱を加えたりしたような場合に，家庭裁判所が廃除の可否を判断する。

(4) 相続人による選択：単純承認，限定承認，放棄

封建社会においては，父債子還（ふさいしかん）といい，死んだ親の残した借金（債務）は，子がそれを必ず相続して，返済しなければならないと考えられていた。

近代的な相続制度は，相続人に相続する／しないの選択権を与えて，相続人を債務から解放する方法を設けた。そして，相続人の選択権には，単純承認，限定承認，放棄の 3 つがある（民法 915 条 1 項）。

単純承認（民法 920 条以下）は，相続人が積極財産・消極財産のすべてを包括的に承継するという選択である。相続の原則形態であり，相続人が一定期間内に他の選択権（限定承認または放棄）を行使しなければ，単純承認をしたものとみなされる（法定単純承認という。民法 921 条 2 号）。相続人は，被相続人の死亡を知り，かつ，自らが相続人となったことを知った時から 3 か月以内に，家庭裁判所に対して，限定承認または放棄の手続を行わなければならない。この 3 か月間を「熟慮期間」と呼んでいる。

限定承認（民法 922 条以下）は，相続財産が債務超過の場合に，存在する積極財産のすべてを債権者に返済すれば，債務超過分については，返済の義務を免れるという制度である。そのような場合，相続人が相続する財産はゼロということになるが，相続人は返済しきれなかった超過分の債務について責任を負わなくてよい（相続人がもともと有していた財産から返済しなくてよい，つまり「自腹」を切らなくてよいということである）。相続人にとっては大変良い制度と一見思われるが，限定承認後の相続債務の返済手続が非常に煩雑であるなど，現実には，あまり利用されていない。

放棄（民法 938 条以下）は，相続人が相続の放棄をすると，当初から相続人とならなかったものと扱われる（民法 939 条）という制度であ

る。放棄の手続は，放棄をしようとする相続人が，家庭裁判所に「相続放棄の申述書」という書類を提出して行う。家庭裁判所によって放棄を認められた相続人は相続人でなくなるので，積極財産を一切相続できない反面，消極財産も一切相続しないですむ。要するに，相続放棄者は，相続について無関係になる。

例えば，被相続人の妻・長男・長女が共同相続人で，長女が放棄をすると妻と長男が相続人になる。また，同じ例で，妻・長男・長女の全員が放棄をすると，第１順位の相続人全員が放棄をしたことになるので，第２順位の相続人（被相続人の直系尊属）が相続人となる。第２順位の相続人が存在しない，または，全員が放棄をした場合には，第３順位の相続人（被相続人の兄弟姉妹）が相続人となる。第３順位の相続人が存在しない，または，全員が放棄をした場合には，相続人不存在となる（後述６）。

3. 遺産（相続財産）

(1) 原則

被相続人が有していた財産に関する一切の権利（不動産の所有権，預貯金，株式など），および，一切の義務（借入金，賃貸住宅の未払いの家賃，医療費，公共料金や税金など）は，遺産（相続財産）として相続人が相続する（民法896条本文）。ただし，以下の（2）から（4）の財産については，例外的な扱いがされるので，注意が必要である。

(2) 例外１：一身専属権

一身専属権とは，経済的な価値があると考えられる財産や権利ではあるが，その財産や権利は被相続人のみに帰属しており（一身専属），他の者によって承継されることになじまない財産や権利をいう。

具体的には，従業員としての地位，学生としての地位，クラブやサークルといった団体のメンバーとしての地位などである。例えば，大学生が，数十万円の授業料を納付した直後に死亡したような場合，その相続人である父母が大学生の地位を相続することにはならない。

法律上の紛争となるのは，ゴルフクラブの会員権やスポーツクラブの会員権などの場合である。会員が死亡して，その相続人が会員の地位の承継（相続）を主張する。クラブ側は一身専属権だから相続の対象とならないと反論して，紛争となることがある。

(3) 例外 2：祭祀財産（さいしざいさん）

家系図，仏壇，神棚，墳墓といった財産は，祖先祭祀のために用いられる特殊な財産であり，一般の家具や家庭用品と同じように扱うことは，国民感情にもそぐわない。そこで，民法は祭祀財産については，他の財産とは区別して，遺産分割の対象にならないとした。祭祀財産は，祭祀承継者が承継することになる。そして，誰が祭祀承継者になるかについて紛争となった場合には，祭祀承継者は①被相続人の指定，②慣習，③家庭裁判所の判断の順で決定される（民法 897 条）。

なお，遺骨は，民法 897 条 1 項の列挙する祭祀財産に含まれていないが，祭祀財産に準じた扱いがされると解釈されている。

(4) 例外 3：生命保険金

生前，被相続人が生命保険会社との間で生命保険契約を締結し，かつ，長男・長女のうち長男を生命保険金の受取人に指定していた。そして，被相続人の死後，長男が生命保険金全額を受領した。

このような事例では，長男と長女の間で不均衡が生じているようにも見えるが，原則として，民法上，生命保険金は遺産に含まれない財産と考えられている。したがって，遺産については，生命保険金の存在を原則的に考慮しないで，長男と長女で分けることになる。

4. 相続分

(1) 法定相続分

相続人が複数存在する共同相続の場合，何らかの割合に基づいて，複数の相続人に遺産の分配をしなければならない。また，相続人が複数存在するのであれば，通常，被相続人は遺産の分配を望むであろう。そして，被相続人が分配の割合を「指定相続分」（後述 (2)）という方法で示していれば，その指定のとおりに分配をすればよいことになるが，指定相続分を示して死亡する被相続人は多くない。

そこで，民法は，共同相続人の組み合わせに応じて，分配の割合について類型を設けることにした。それが「法定相続分」である（表11-1）。

表 11-1　法定相続分の類型

<table>
<tr><th>相続人の組み合わせ</th><th>相続分</th><th>同順位複数の場合</th></tr>
<tr><td>配偶者のみ</td><td>1/1 ＝全部</td><td>—</td></tr>
<tr><td>子（直系卑属）のみ</td><td>1/1 ＝全部</td><td rowspan="6">例えば，子が2人いるなど同順位の相続人が複数であれば子の1/2を2人で均分する（各1/4になる）</td></tr>
<tr><td>直系尊属のみ</td><td>1/1 ＝全部</td></tr>
<tr><td>兄弟姉妹（甥姪）のみ</td><td>1/1 ＝全部</td></tr>
<tr><td>配偶者と子（直系卑属）</td><td>配 1/2，子 1/2</td></tr>
<tr><td>配偶者と直系尊属</td><td>配 2/3，尊属 1/3</td></tr>
<tr><td>配偶者と兄弟姉妹（甥姪）</td><td>配 3/4，兄妹 1/4</td></tr>
</table>

なお，法定相続分は，あくまでも分配の割合の目安・基準に過ぎない。指定相続分が示されていれば，指定相続分が優先する。また，多くの場合において，法定相続分を修正して算出される「具体的相続分」（後述（3））に基づいて，遺産の分配（＝遺産分割）が行われる。

（2）指定相続分

被相続人は，遺言を用いて，共同相続人の相続分の割合について，指定をすることができる（民法 902 条。遺言については，第 12 章参照）。

配偶者・長男・長女が共同相続人である場合には，法定相続分は，配偶者 1/2，長男 1/4，長女 1/4 である。被相続人は，例①配偶者 2/3，長男ゼロ，長女 1/3，例②配偶者に全部（＝ 1/1），長男・長女各ゼロ，例③配偶者・長男・長女各 1/3 というように，自由に相続分を指定することができる。ただし，指定相続分が相続人の遺留分（民法 1042 条）を下回る場合には，下回る指定をされた相続人は遺留分に相当する金銭の請求をすることができる場合がある（遺留分については，第 12 章参照）。

（3）具体的相続分

前述のように，法定相続分は，遺産の分配の割合の「一応の目安」に過ぎない。もっとも，一応の目安＝法定相続分の割合で遺産の分配を行うことは一向に構わない。

しかし，法定相続分の割合では，共同相続人間の公平・平等にかえって反するような事態となる場合がある。そこで，民法は，特別受益（民法 903 条）と寄与分（民法 904 条の 2）という 2 つの制度を用いて法定相続分を修正する。そして，特別受益および／または寄与分によって修正して算定された相続分を「具体的相続分」という。

(a) 特別受益

共同相続人の中に被相続人から「生計の資本としての贈与」，例えば，住宅購入資金や開業資金などを受けた者がいる場合に，その贈与を考慮して具体的相続分を算定する。

長男と長女が共同相続人で，相続開始時の遺産が3000万円であった。長男は相続開始の5年前に被相続人から開業資金として1000万円の贈与を受けていたとする。この場合に遺産3000万円を長男・長女でそれぞれ1500万円ずつ相続するのでは，不公平であろう。そこで，長男に対する1000万円の贈与を加算して，具体的相続分を算定する。

みなし相続財産：3000万円＋1000万円＝4000万円
長男：4000万円×法定相続分1／2－1000万円＝1000万円
長女：4000万円×法定相続分1／2＝2000万円

相続開始時の遺産3000万円については，長女2000万円（2/3），長男1000万円（1/3）で分割する。つまり，長男の受けた贈与1000万円は，長男に対する相続分の先渡し分というように扱うのである。

なお，婚姻期間20年以上の夫婦間で居住用建物・敷地の贈与が行われた場合には，原則的に特別受益として扱わないこととしている（民法903条4項）。

(b) 寄与分

共同相続人の中に被相続人の介護をしたり，被相続人の事業経営に協力をしたりした者がいて，その結果，被相続人の財産が維持または増加したような場合には，介護や協力を金銭的に評価して，寄与した相続人の具体的相続分を増加させる。それを「寄与分」という。寄与した相続人を寄与者と呼ぶ。

長男と長女が共同相続人で，相続開始時の遺産が 3000 万円であったところ，長女が高齢の被相続人を 5 年間にわたって献身的に介護していたとする（高齢者介護については，第 9 章参照）。

この場合に 3000 万円を長男・長女でそれぞれ 1500 万円ずつ相続するのでは，不公平だと考えられる。長女による介護を寄与分として金銭的に評価して，具体的相続分を算定する。長男と長女とで協議した結果，長女の寄与分は 800 万円と評価されたとする。

みなし相続財産：3000 万円 − 800 万円 = 2200 万円
長男：2200 万円×法定相続分 1／2 = 1100 万円
長女：2200 万円×法定相続分 1／2 ＋寄与分 800 万円 = 1900 万円

なお，寄与として考慮・評価される行為は，「特別の寄与」でなければならず（民法 904 条の 2 第 1 項），通常の家族関係で行われるような看病や手伝いは，「特別の寄与」には該当しない。

5. 遺産分割

(1) 遺産共有

被相続人が死亡して，相続が開始した。配偶者（法定相続分 1/2），長男（同 1/4），長女（同 1/4）が共同相続人であり，遺産は①自宅土地，②自宅建物，③預貯金合計 1000 万円，④自動車だとする。

これら①～④の遺産は，遺産分割手続が終わるまでの間，配偶者・長男・長女による遺産共有状態となる。「共有」は，法律上も，生活上も，不便で面倒な状態である。なぜなら，1 つの財産に対して，複数の所有者（権利者）が存在するため，その財産を自由に使用したり，売却したりすることが困難だからである。しかし，共同相続では，不可避的に遺産共有状態が発生してしまう。そのような遺産共有状態を解消する手段が「遺産分割」である。

そして，配偶者・長男・長女が遺産分割についての話し合い（遺産分割協議）を行い，「配偶者は①と②を取得する，長男は③のうち400万円と④を取得する，長女は③のうち600万円を取得する」というように決めることになる。民法は，当事者の自由な意思を尊重するので，共同相続人がどのような内容やいかなる割合で遺産分割を行うのかは，自由に委ねられている。

(2) 遺産分割の手段：協議，調停，審判

共同相続人は，相続開始後，遺産の状況を調査した上で単純承認・限定承認・放棄に関する選択をすみやかに行う（前述２（4））。そして，共同相続人が単純承認を選択したのであれば，共同相続人全員が参加して，遺産分割協議を行う。

協議とは，要するに話し合いである。共同相続人全員で協議を行い，通常，協議の結果を「遺産分割協議書」という書面にまとめる。例えば，上の例で，①自宅土地と②自宅建物の所有権の登記名義を被相続人から配偶者に移転（書き換え）するためには，共同相続人全員の署名・押印のある遺産分割協議書が必要となる。また，長男と長女が，金融機関から預貯金1000万円の払戻しを受けるには，金融機関に対して遺産分割協議書を提示しなければならない。

もっとも，遺産分割協議が遅々として進まず，相続開始から何年たっても協議が成立しない場合も珍しくない。

遺産分割協議が何らかの理由で行えない場合，当事者は，家庭裁判所に遺産分割調停または遺産分割審判という手続を申し立てることができ

る。この場合，家庭裁判所の関与の下で遺産分割が行われる（調停・審判については，第 14 章参照）。

(3) 具体的な分割方法：現物分割，換価分割，代償分割

遺産を構成する財産は，当然，千差万別である。金額（価額）の多寡はもちろんのこと，都心の宅地，過疎地の山林，預貯金，タンス預金（現金），株式，自動車，宝飾品，美術品など，遺産を構成するすべての財産について，遺産分割を行う必要がある。

前述した例の「配偶者は①と②を取得する，長男は③のうち 400 万円と④を取得する，長女は③のうち 600 万円を取得する」というような分割方法のことを「現物分割」という。現実に存在する遺産を共同相続人に振り分ける方法である。

次に，「換価分割」とは，存在する遺産を売却して金銭に換え（換価），その金銭を共同相続人間で分割するという方法である。上の例で，④自動車を取得したい相続人がいないような場合に，自動車を売却し，得られた金銭を遺産として，遺産分割の対象財産とする。金銭にしてしまえば分割は容易である。もっとも，過疎地の山林などでは，タダ同然で売り出しても，購入希望者が現れないようなこともあるだろう。

また，「代償分割」とは，（法定・具体的）相続分を超える割合で遺産を多く取得した相続人がいる場合に，その相続人から他の相続人に対して，相続分を超える割合に相当する金銭を支払わせることで遺産分割を成立させる方法である。例えば，遺産が分譲マンション 1 戸（評価額 1000 万円）だけであり，長男と長女が共同相続人であるような場合，長男が遺産全部の取得を希望するのであれば，長男から長女に対して，長女の法定相続分に相当する 500 万円（1000 万円×法定相続分 1／2）を代償金として支払わせるのである。

6. 相続人の不存在

(1) 相続財産法人の成立

相続人の範囲は限定されているので（前述２（1)),「親族」がいたとしても，相続人がいない場合がある。例えば，被相続人のイトコは，生前に親しく付き合っていたとしても，相続人とはならない（イトコに財産を承継させたい場合は，生前贈与や遺言を用いる)。

また，相続人が存在するものの，相続人が順次放棄をして（前述２(4)),相続人全員が放棄をしてしまうと，相続人不存在となる。

相続財産（遺産）が存在するにもかかわらず，相続財産の所有者が存在しない事態となる。そこで，民法は財産自体に法律上の人格（法人格）を付与して「相続財産法人」とした上で（民法951条)，家庭裁判所が選任した「相続財産清算人」に相続財産法人の管理等をさせる（民法952条)。

現在，いわゆる独居高齢者が増加しているため，相続人の不存在→相続財産法人の成立→相続財産清算人の選任に至る事例が増加している。

(2) 相続財産清算人の職務

通常，家庭裁判所は弁護士を相続財産清算人に選任する。

相続財産清算人は，相続財産の目録を作成し，念のため相続人を捜索し，相続債権者（被相続人に対して貸金等の債権を有している者）に対して債権を申し出るように求め，申し出てきた相続債権者に支払いを行う。

(3) 特別縁故者制度

相続財産清算人が相続債権者への返済をすべて終えた場合でも，相続財産が残存している場合がある。このような場合には，被相続人と「特別の縁故」があったと考える者は，家庭裁判所に対して，残存している相続財産の分与を求めることができる。これを「特別縁故者制度」という（民法 958 条の 2）。

家庭裁判所が特別縁故者に該当すると認めた例として，内縁の配偶者，親族（おじおば，イトコ），宗教法人，地方自治体，福祉施設などがある。

(4) 国庫帰属

相続債権者に対する債務の返済を終え，特別縁故者に対する財産の分与を経ても，なお相続財産（遺産）が残存する場合もある。この場合には，相続財産清算人が相続財産を国（各地の財務局）に引き渡す手続を行う。これを「国庫帰属」という（民法 959 条）。要するに，国が最終的な相続財産の帰属先となるのである。

学習課題

1. 明治31（1898）年に施行されたいわゆる明治民法が原則としていた「家督（かとく）相続」とは，どのような制度だったのか，調べてみよう。
2. 近代以前において，日本各地には，「末子（まっし）相続」や「姉（あね）相続」といった形態があった。居住地や出身地には，かつて，どのような相続形態が存在したのか，調べてみよう。
3. 相続は，「争族」＝家族が争う，「争続」＝紛争が長期化する，といわれる。どのような原因によって，骨肉の争いが長く続くことになるのだろうか。また，そのような紛争を予防するために，どのような方法が考えられるのか，調べてみよう。

参考文献

我妻榮ほか『民法３　親族法・相続法［第４版］』（勁草書房，2020年）
本山敦ほか『家族法［第３版］』（日本評論社，2021年）
前田陽一ほか『民法Ⅵ　親族・相続［第６版］』（有斐閣，2022年）

12 家族と財産 2〈遺言・遺留分〉

岩井勝弘

《学習のポイント》 遺産相続について本人（被相続人）に一定の考えがあり，それを確実に実現させたい場合には，遺言を作成しておかなければならない。もっとも，遺留分を意識した内容にしておかないと，遺産を巡る紛争に発展しかねない。そこで，遺言・遺留分に関する法制度や有効・適切な遺言作成について学ぶ。

《キーワード》 公正証書遺言，自筆証書遺言，付言事項，遺言執行，遺留分，死後事務

1. 遺言

(1) 遺言能力

15歳に達した者は，遺言をすることができる（民法961条）。成年被後見人，被保佐人，被補助人も遺言をすることができるが（民法962条），成年被後見人については，民法973条に規定する要件を満たす必要がある。

(2) 遺言の種類

遺言の方式は「普通の方式」と「特別の方式」の2種類が規定されている。

(a) 普通の方式

普通の方式の遺言は，①自筆証書遺言（民法968条），②公正証書遺言（民法969条），③秘密証書遺言（民法970条）の3つである。

①自筆証書遺言は，遺言者が遺言書の全文，日付及び氏名を自書し，これに押印しなければならないという厳格な方式が求められている。もっとも，後述のとおり遺言の利用を促進させる観点から，平成30（2018）年に民法改正がなされ，改正法下では形式的要件が緩和されている。

②公正証書遺言は，遺言者が公証人[1)]に遺言の内容を伝え，公証人が遺言書を作成するものである。平成23（2011）年から令和2（2020）年までの10年間に全国で作成された公正証書遺言の数は表12-1のとおりである[2)]。

表12-1　公正証書遺言の数

平成23年	平成24年	平成25年	平成26年	平成27年	平成28年	平成29年	平成30年	令和元年	令和2年
78,754	88,156	96,020	104,490	110,778	105,350	110,191	110,471	113,137	97,700

※日本公証人連合会のホームページの記載データから作成

③秘密証書遺言は，公証人と証人2人以上に遺言書の「存在」の証明をしてもらう一方，その内容は本人以外見ることができないことから，遺言内容を秘密にすることができるものである。もっとも，現状ではあまり使われていない。

(b) 特別の方式

特別の方式の遺言は，危急時の遺言として一般危急時遺言（民法976

1)　公証人は，裁判官，検察官または弁護士の多年の経験を有する法曹資格者や，法曹資格者に準ずる学識経験を有する者が選任されている。国家公務員法上の公務員ではないが，国の公務である公証事務を行う実質的公務員である。公証人は，全国で約500名，公証役場（公証人が執務する事務所）は約300箇所ある。

2)　平成23（2011）年から利用件数は毎年増加傾向にあったにもかかわらず，令和2（2020）年で作成件数が減少した理由は，コロナ禍で不要不急の外出を控えることを求められたことが影響したものと思われる。

条）と船舶遭難者遺言（民法979条），隔絶地の遺言として伝染病隔離者遺言（民法977条）と在船者遺言（民法978条）の4つが規定されている。これらは，普通の方式とは異なり，特殊な状況下で利用されるものである。

(3) 自筆証書遺言の作成方法と保管制度

(a) 原則的作成方法

自筆証書遺言を有効に成立させるためには，遺言者が，その全文，日付及び氏名を自書し，これに印を押さなければならない（民法968条1項）。

ア　自書

自筆証書遺言は，遺言者が自分ですべてを書くことが原則となっている。自書は，「筆跡によって本人が書いたものであることを判定でき，それ自体で遺言が遺言者の真意に出たものであることを保障することができる」[3] ことから，自筆証書遺言の本質的要件であるとされている。また，自書するにあたり遺言者が自書能力，つまり文字を知り，かつ，これを筆記する能力を有することを前提としている。

使用する用紙や筆記具については，特に制限はないが，改変防止のため，鉛筆や消去可能なペンの使用は控えるべきである。

自筆証書遺言というと，封筒に入っていて，封筒の表面には「遺言書」と記載され，封印がされているというのが一般的イメージであるが，そもそも封筒に入れることを民法は求めていない。封筒に入れるのは，遺言者以外の者が安易に遺言内容を知ることを防止するためにすぎない。

イ　日付

遺言は，遺言者の最後の意思が尊重されるため，仮に複数の遺言があ

3）　最判昭和62年10月8日。

る場合は，最後に書かれた遺言が有効である（民法1023条1項）。そのため，日付は，複数の遺言が作成された場合にどの遺言が有効かを判断するために欠かせないものである。また，遺言をした時点で，遺言者が遺言能力を有していたか否かを判断するためにも利用される。

したがって，日付は「令和4年1月1日」のように，特定の日を表示するものでなければならない。この点，「私の90歳の誕生日」という記載は，戸籍謄本等により遺言者の誕生日を特定できるので，日付記載の要件を満たすが，実際にあった例で「昭和四拾壱年七月吉日」では，暦上の特定の日を表示するものとはいえないので，日付記載の要件を満たさない[4]。

ウ　氏名

氏名は，遺言者を特定するための要件である。したがって，必ずしも遺言者の戸籍上の氏名を記載することを要せず，他人と混同を生じない場合には，通称，ペンネーム，芸名でもよい。

エ　押印

押印に用いる印章は，実印である必要はなく，いわゆる三文判でも遺言の効力には影響しない。

この押印の要件について，指印でも認められるのかが争われた事例がある。最高裁は，指印でも押印要件を満たすと判示した[5]。

オ　加除・訂正

自筆証書遺言では，証書の記載自体からみて明らかな誤記の訂正を除き，変更を加える場合にも厳格な方式が要求されている。すなわち，①変更の場所を指示し，②これを変更した旨を付記して，③これに署名し，④変更の場所に押印しなければ，当該変更は無効となる（民法968条3項）。

4）　最判昭和54年5月31日。

5）　最判平成元年2月16日。

(b) 例外的作成方法

平成30（2018）年改正前民法では，財産目録を含む遺言全文を自書しなければならなかったが，このような厳格な方式が遺言者の負担となっていたため，自筆証書遺言をより使いやすいものにして利用を促進するために法改正がなされ，自筆証書に遺産や遺贈の対象となる財産の目録を添付する場合には，その目録については自書を不要とした。

もっとも，方式の緩和によって遺言書の偽造・変造が容易になるおそれがあるため，自筆証書に自書ではない財産目録を添付する場合には，その目録の「毎葉」に署名及び押印をしなければならない（民法968条2項）。

(c) 保管制度

自筆証書遺言の保管場所は遺言者の自由に任されており，自宅内や貸金庫で保管したり，家族・親族や弁護士等専門家に預けたりするのが一般的である。しかし，保管場所や預け先を相続人に知らせておかないと，相続人が遺言書の存在に気付かないまま遺産分割を行ってしまう可能性がある。また，遺言書の紛失，利害関係者による遺言書の破棄，隠匿，改ざん等の可能性も否定できない。そのため，これらのリスクを減らすべく，令和2（2020年）年7月に遺言書保管法が施行された。

同法は，遺言書保管所として指定されている法務局において，自筆証書遺言の保管を可能とするものである。遺言の保管を望む場合，①遺言者の住所地，②遺言者の本籍地，③遺言者の所有する不動産の所在地，のいずれかを担当する遺言書保管所に遺言者が自ら出向いて申請しなければならない。

遺言者は，随時，遺言書の閲覧並びに保管の申請を撤回することができるが，遺言者以外は，遺言者の生存中は遺言書の閲覧ができない。

遺言書保管所に保管されている遺言書については，後述のとおり遺言書の検認が不要という利点がある。

(4) 公正証書遺言の作成方法と手数料

(a) 作成方法

公正証書遺言は，遺言者本人が，公証人と証人２名[6]の前で，遺言の内容を口頭で告げ[7]，公証人が，それが遺言者の真意であることを確認した上，これを文章にまとめたものを遺言者及び証人２名に読み聞かせ，または閲覧させて，内容に間違いがないことを確認した上で，遺言者，証人及び公証人がこれに署名・押印することで作成される。遺言者が署名することができない場合は，公証人がその事由を付記して，署名に代えることができる（民法 969 条）。

発声が不自由な遺言者は，公証人及び証人の前で，遺言の内容を通訳人の通訳によって申述するか，自書すればよい。耳が聞こえない遺言者の場合は，遺言内容を文章にまとめたものを閲覧させるか，公証人の読み聞かせに代えて通訳人の通訳により遺言者に伝えることで，遺言が作成される（民法 969 条の 2）。

未成年者，推定相続人，遺贈を受ける者，推定相続人及び遺贈を受ける者の配偶者及び直系血族等は，証人になることができない。 適当な証人が見当たらない場合は，公証役場で紹介してもらうことができる。

遺言者が，病気または高齢等のために公証役場に出向くことができない場合は，公証人に遺言者のいる病院，自宅，介護施設等に出張してもらうことができる[8]。

---

6) 民法 969 条１号では「証人２人以上」と定められているが，公証実務では，証人が３名以上になることはなく，証人２名で作成されている。

7) 公証実務では，遺言者または遺言者から依頼された弁護士等の専門家が公証人と事前に打ち合わせをして，遺言書の案文が予め作成される。公正証書遺言作成当日は，清書済の遺言書を公証人が読み上げるなどして，内容に間違いがなければ，当事者が署名・押印して完成となる。

8) 作成手数料のほかに，公証人の出張日当と交通費が加算される。

公正証書遺言は，通常，原本，正本及び謄本が各 1 部作成される。原本は公証役場で保管され（これにより，第三者が破棄・隠匿・改ざんするおそれがなくなる）[9)]，正本及び謄本は遺言者に交付される。

(b) 作成手数料

下記の表 12-2 に従って，手数料が算定される。

具体的には，財産の相続または遺贈を受ける人ごとにその財産の価額を算出し，その価額に対応する手数料額が合算される。そして，遺産全体の価額が 1 億円以下の場合は，1 万 1000 円が加算される（遺言加算）。

表 12-2　公正証書遺言の作成手数料

目的の価額	手数料
100 万円以下	5000 円
100 万円を超え 200 万円以下	7000 円
200 万円を超え 500 万円以下	11000 円
500 万円を超え 1000 万円以下	17000 円
1000 万円を超え 3000 万円以下	23000 円
3000 万円を超え 5000 万円以下	29000 円
5000 万円を超え 1 億円以下	43000 円
1 億円を超え 3 億円以下	4 万 3000 円に超過額 5000 万円までごとに 1 万 3000 円を加算した額
3 億円を超え 10 億円以下	9 万 5000 円に超過額 5000 万円までごとに 1 万 1000 円を加算した額
10 億円を超える場合	24 万 9000 円に超過額 5000 万円までごとに 8000 円を加算した額

（公証人手数料令第 9 条別表）

9）　日本公証人連合会では平成 26（2014）年以降に作成された全国の公正証書遺言の原本を電子データにして，二重に保存するシステムが構築されている。また，平成元（1989）年以降に作成された公正証書遺言については，遺言登録・検索システムが構築されており，公正証書遺言を作成した公証役場名，公証人名，遺言者名，作成年月日等をそのシステム上で管理しているので，全国の公証役場から，公正証書遺言の有無に関する検索をすることができる（検索申請者は相続人等の利害関係人に限られる）。

このほか，証書の枚数により若干の手数料が加算される。

(5) 遺言の内容

(a) 遺言事項

遺言事項とは，遺言でできる法律行為をいう。後述する相続分の指定，遺産分割方法の指定，遺贈，遺言執行者の指定，遺言の撤回のほか，生命保険の死亡保険金受取人の指定・変更，祭祀財産の承継者の指定などが遺言事項である。

(b) 相続分の指定

遺言者（被相続人）は，遺言により，共同相続人の全部または一部の者について，法定相続分とは異なる相続分を定め，またはこれを定めることを第三者に委託することができる（民法902条1項）。

例えば，「妻A，長男B，長女Cの各相続分を遺産の3分の1と指定する」や，「妻Aに5分の3，長男Bと長女Cに5分の1ずつ与える」などのように定めるものである。

ここで問題となるのが，例えば，「妻Aに遺産の4割を与える」とだけ遺言書に記載がある場合である。妻Aに遺産の4割のみを与える（残りの6割は長男Bと長女Cで遺産分割をせよ）という意味か，その4割のほかに残りの6割に対する法定相続分も加算して妻Aに与えるという意味かが判然としないため，遺言の解釈が必要となる。

(c) 遺産分割方法の指定

遺言者（被相続人）は，遺言により，遺産分割の方法を指定することができる（民法908条）。例えば，「長男には自宅不動産，二男には預貯金及び貴金属を取得させる」や「自宅不動産を売却して，その代金を長男と二男に2分の1ずつ取得させる」というものである。

(d) 遺贈

遺言者（被相続人）が，遺言によって自己の財産を他人に承継させることを遺贈という（民法 964 条）。類似した制度に死因贈与があるが，死因贈与は一種の契約であるのに対し，遺贈は単独行為であり，かつ遺言によって行われる要式行為である。

遺贈をする人を遺贈者といい，遺贈によって財産を承継する人を受遺者という。受遺者は相続人に限られず，誰でもよい[10)]。

遺贈は，包括遺贈と特定遺贈に分かれる。包括遺贈とは，財産を特定せず包括的な割合を示して行われる遺贈をいい，さらに全部包括遺贈と割合的包括遺贈に分かれる。例えば，遺言に「財産を甲に全部遺贈する」と記載すればそれは全部包括遺贈であり，「全財産の 3 分の 2 を甲に，3 分の 1 を乙に遺贈する」と記載すればそれは割合的包括遺贈である。

一方，特定遺贈とは，財産を特定して行われる遺贈をいう。特定遺贈はさらに，「A 土地」や「預金口座 X」などの特定物を遺贈の目的物とする特定物遺贈と，「現金 100 万円」や「米 5 俵」といった不特定物を目的物とする不特定物遺贈に分かれる。

(e)「相続させる」旨の遺言（特定財産承継遺言）

公正証書遺言では，特定の財産を特定の相続人に「相続させる」という文言が使われてきた。例えば，「長男には A 土地を，二男には B 土地を相続させる」というものである。

この「相続させる」旨の遺言は，平成 30（2018）年改正により明文化され，「特定財産承継遺言」と呼ばれることとなった（民法 1014 条 2 項）。

---

10)　ただし，自然人または法人でなければならない。ペットなどには遺贈できない。

(f) 遺言執行者の指定

遺言の内容を実現させるために必要な手続を行う者を「遺言執行者」という。遺言者は，遺言で，遺言執行者を指定し，またはその指定を第三者に委託することができる（民法1006条1項）。

遺言者は，誰でも遺言執行者に指定できるが，指定された者は遺言執行者への就任を承諾しないことも可能であるため，指定の前に内諾を得ておくことが肝要である。

遺言書で遺言執行者が指定されていないとき，または指定されている者が死亡・解任・不承諾で遺言執行者がいなくなったときは，相続人などの利害関係人は家庭裁判所に遺言執行者を選任するよう申し立てることができる（民法1010条）。

(6) 付言事項

付言事項とは，遺言書の記載のうち，法的な効果を生ずる「遺言事項」以外の記載をいう。遺言書のどこに記載するかについて法律上の決まりはなく，遺言事項の項の中に記載することも可能ではあるが，遺言書の読解の点からすると，遺言書の最後に，遺言事項とは別に付言事項の項を設けて記載するほうが賢明である。

付言事項の具体例は次のとおりである。

【関係者への感謝や希望を記載するもの】

> いままで色々とお世話になり，ありがとうございました。
>
> 長女は，夫の一切の面倒をみて，住み慣れた自宅で穏やかに暮させてあげて下さい。二女及び長男は，協力して，夫の希望をできるだけ叶えてあげて下さい。

【遺言の趣旨を説明するもの】

私は，障害のある長男の行く末を案じ，長男には法定相続割合より多い割合の財産を相続させることにしました。

【遺言の趣旨を説明し，遺留分侵害額請求をしないよう求めるもの】

私は，○○が平成△△年から，親身に私の身の回りの世話をしてくれていることに感謝し，その貢献に報いるため，私のすべての財産を○○に遺贈することにしました。私の相続開始時に，遺留分侵害額請求権者が存在する場合，同人は私のこの遺言を受け入れて，○○に対し遺留分侵害額請求をしないよう何卒お願いします。

(7) 撤回・変更

遺言の撤回や変更は，いつでも，何回でもできる（民法1022条）。遺言作成時は，その内容が最善と考えていたとしても，その後の遺言者と周囲者の関係変化，心境の変化，所有財産の変化などにより，作成済の遺言を撤回したり，変更したりする必要も出てくるからである。この遺言を撤回する権利は放棄できない（民法1026条）。遺言書に「私はこの遺言を絶対に撤回しない」と記載されていても，かかる記載は無効である。

遺言者が遺言を撤回する方法は次の3つである。

1つ目は，当初遺言Ⅰの後の遺言Ⅱで，遺言Ⅰの全部または一部を撤回する方法である（民法1022条）。遺言Ⅱを遺言Ⅰの方式に合わせる必要はなく，例えば，遺言Ⅰが公正証書，遺言Ⅱが自筆証書でも可能である。

2つ目は，抵触遺言を作成するか，抵触行為をする方法である（民法

1023条）。抵触遺言とは，遺言Ⅰの内容に対して，後の遺言Ⅱの内容が抵触する（両立しない）ことをいう。例えば，遺言Ⅰで「全財産を妻に相続させる」としたのに，遺言Ⅱで「全財産を長男に相続させる」とすると，遺言Ⅰはすべて撤回したものとみなされる。抵触行為とは，遺言の内容と遺言作成後の遺言者の行為が抵触することをいう。例えば，「不動産Aを妻に相続させる」と遺言した後，遺言者が不動産Aを第三者に売却して死亡した場合，生前の売却行為が遺言の内容に抵触するので，遺言の当該部分は撤回されたものとみなされる。

3つ目は，遺言者が遺言書を故意に破棄する方法である（民法1024条）。

2. 遺言執行

(1) 検認手続

検認とは，家庭裁判所の裁判官が遺言書の形状，加除訂正の状態，日付，署名など，検認日時点での遺言書の内容を明確にして，偽造・変造を防止するための手続である。検認は，遺言の有効・無効を判断する手続ではない。

公正証書遺言及び法務局に保管されている自筆証書遺言以外の遺言については，遺言書の保管者またはこれを発見した相続人は遺言者の死亡を知った後，遅滞なく家庭裁判所に遺言書の検認を申し立てる必要がある（民法1004条，遺言書保管法11条）。

検認が終わると，裁判所によって当該遺言書に検認済証明書が添付される。この添付がないと，金融機関は預貯金の相続手続に応じず，法務局は相続登記申請を受け付けない。

(2) 遺言執行者の立場

遺言執行者とは，遺言者に代わって遺言の内容を実現するために選任される者をいい，相続財産の管理その他遺言の執行に必要な一切の行為をする権利義務を有する（民法1012条1項）。そのため，相続人は相続財産の処分その他遺言の執行を妨げる行為をすることはできない（民法1013条1項）。

遺言執行者は，遺言者の意思と相続人の利益が対立する場面においても，あくまでも遺言者の意思に従って職務を行えばよく，遺言執行者の行為は相続人に対して直接にその効力を生ずる（民法1015条）。

(3) 遺言執行者の任務

遺言執行者は，就職を承諾したときは，直ちにその任務を行わなければならない（民法1007条1項）。

就職した遺言執行者がまず初めに行う任務は，相続人への遺言内容の通知である（同条2項）。次に，執行の対象となる相続財産の目録を作成して，相続人に交付しなければならない（民法1011条1項）。

その後，遺言内容を実現していくこととなる。例えば，執行対象が不動産であれば，相続人（または受遺者）に所有権移転登記手続をして，引渡しをする。

3. 遺留分

(1) 遺留分制度

遺留分とは，一定の相続人に必ず残しておかなければならない遺産の最低限の取り分のことをいう。

遺産を形成したのは被相続人であることから，遺産に対する被相続人の意思は最大限尊重されるべきとの観点で，上記のとおり，被相続人（遺言者）は遺言により相続分の指定や遺贈などをして，法定相続分とは異なる遺産の分配を行うことができる。もっとも，被相続人に処分の自由を全面的に認めると，遺族の生活が脅かされたり，遺族が潜在的に有する持分[11)]の清算に対する正当な期待が裏切られたりしてしまう。

そこで，被相続人の財産処分の意思の尊重と，相続人の権利ないし保護との調和を図り，被相続人の財産の一定割合を一定範囲の相続人に保障するのが遺留分制度である。

(2) 遺留分権利者

遺留分を有する権利者は，配偶者，子，直系尊属[12)]のみである。兄弟姉妹には遺留分が認められていない（民法1042条1項）。

そして，遺留分は相続人としての資格と不可分であることから，相続欠格，相続人廃除，相続放棄により相続権を失った者は遺留分を失う[13)]。

(3) 遺留分の算定方法

(a) 遺留分率

遺留分率は，相続人が誰かによりその割合が異なる。相続人が直系尊属だけである場合には全員で遺産全体の3分の1，それ以外の場合[14)]は全員で遺産全体の2分の1である（民法1042条1項）。

11） 例えば，夫婦で築いた財産を原資として購入した不動産の名義が被相続人単独になっている場合でも，一般的に，他方配偶者は2分の1の潜在的持分を有する。
12） 被相続人の父母，祖父母などを指す。
13） ただし，相続欠格及び相続人廃除は代襲原因であるため，被相続人の子が相続人であるときは，代襲相続人が遺留分権利者となる（887条2項，3項）。
14） 例えば，相続人が配偶者と子，配偶者と父母，など。

(b) 遺留分額の算定式

遺留分額の算定式は次のとおりである（民法 1043 条 1 項）。

遺留分額＝基礎財産（相続開始時に有した財産の価額＋所定の贈与財産の価額－債務全額）×遺留分率

被相続人の死亡退職金は，原則として，遺族の生活保障を目的としているといえるため，受取人固有の権利となり[15)]，「相続開始時に有した財産」には含まれない。

生命保険金については，指定された受取人が被相続人本人か第三者かによって異なる。生命保険金請求権は，受取人が自己の固有の権利として取得するものである（保険契約者または被保険者から承継取得するものではない）。したがって，受取人が被相続人の場合は被相続人が「相続開始時に有した財産」に含まれるが，受取人が被相続人以外の場合には含まれない。

「所定の贈与財産」の贈与は，相続開始前の 1 年間にされたものに限られるのが原則であるが（民法 1044 条 1 項前段），それより前にされた贈与であっても遺留分権利者に損害を加えることを被相続人と受贈者の双方が知っていた場合にはこの贈与も含まれる（同項後段）。また，不相当な対価でされた有償行為も，被相続人と相手方が遺留分権利者に損害を加えることを知っていた場合には，行為の時期を問わず，贈与とみなされる（民法 1045 条 2 項）。

さらに，相続開始前の 10 年間になされた相続人に対する特別受益にあたる贈与も「所定の贈与」に含まれる（民法 1044 条 3 項）。

15）　死亡退職金は相続財産に属さず，就業規則等によって定められた受給権者である遺族固有の権利である（最判昭和 55 年 11 月 27 日）。

(4) 遺留分侵害額請求

(a) 遺留分侵害額の算定方法

個別の遺留分が遺言等により侵害された場合，その者は遺留分侵害額請求権を行使することができる。遺留分侵害額の算定方法は以下のとおりである（民法 1046 条 2 項)。

遺留分侵害額＝各自の遺留分額－各自の純相続額（相続により得た財産額－相続債務額）－特別受益額（受贈額＋受遺額）

なお，特別受益額は，上記の遺留分額の算定の場合とは異なり，相続開始前 10 年以内にされたものに限定されない。

(b) 遺留分侵害額請求権の行使方法

遺留分を侵害された者は，受遺者（特定財産承継遺言の相続人を含む）または受贈者に対し，「遺留分侵害額を請求する」という意思表示をしなければならない（民法 1046 条 1 項)。口頭でも有効であるが，意思表示をしたことを明確にするため，内容証明郵便を利用することが一般的である。

この意思表示の段階で，請求する金額を明示することまでは求められていない。

(c) 遺留分侵害額請求権の期間制限

遺留分侵害額請求権は，遺留分権利者が相続の開始及び遺留分を侵害する贈与または遺贈があったことを知った時から 1 年間行使しなければ，時効によって消滅する。また，相続開始の時から 10 年間行使しなければ，権利行使ができなくなる[16]（民法 1048 条)。

16） 1048 条後段に「同様とする」との文言があることから，消滅時効を規定しているとも読めるが，除斥（じょせき）期間（完成猶予や更新の制度がない）と解釈するのが多数説である。

4. 死後事務

死後事務とは，本人が死亡した後に行わなければならない諸手続や葬儀等に関する事務をいう。そして，この事務を委任する契約を死後事務委任契約という。

民法では，委任契約は委任者の死亡によって終了すると規定されているが（民法653条1号），当事者間の合意により，委任者の死亡を委任契約の終了原因としないことが可能である[17]。

死後事務は誰にでも委任できるが，事務の実施は本人（委任者）の死亡後であることから，委任された事務を確実にかつ適正に実施してもらえる者，すなわち信頼のおける者に委任することが肝要である。

また，死後事務委任契約について，死後事務受任者が相続人から契約自体の無効を主張されたり，契約内容に異議を申し立てられたりする可能性があるため，公正証書を作成することで契約の有効性を確固不動のものにするとともに，事務の内容は詳細かつ具体的に取り決めておく必要がある。

死後事務の内容としては，①行政官庁等への諸届・諸手続，②老人ホーム等入居施設の利用契約の解約，施設利用料等の清算及び敷金・預託物等の受領，③住居契約，駐車場契約，水道光熱等のライフライン契約の解約及び清算，④医療費，入院費等の清算，⑤介護契約その他の医療・福祉サービスの利用契約の解約及び清算，⑥電話等契約，NHK受信等契約の解約及び清算，⑦家財道具等の遺品の整理・処分，⑧税金の申告及び納付，⑨各種保険契約の解約及び解約返戻金の受領，⑩葬式，納骨，法要の実施などがある。

17）最判平成4年9月22日。

学習課題

1. 自己の自筆証書遺言の案を作成してみよう。
2. 公証役場が自己の居住する都道府県のどこに所在しているか調べてみよう。

参考文献

本山敦ほか『家族法［第3版］』（日本評論社，2021年）

13 家族と税・事業承継

佐藤香織

《学習のポイント》 家族の間で金銭や不動産などの財産が移転するとき，民法などの法律だけでなく，税金についての法律も関係する。人がどのような行為をするとどのように課税されるのかという観点は，人の行動を決定する大きな要素となることがある。また，家族で経営する中小企業では，経営者から後継者への事業承継における最大の関心は税金であることも多い。家族の財産の移転における税の影響について考える。
《キーワード》 相続税，贈与税，相続時精算課税，事業承継，後継者問題，M & A

1．家族の間で財産が移転する場合

(1) 家族間の財産の移転に関わる法律

家族の間で，ある者が所有する財産（金銭，不動産，等）が，他の者に移転することがある。例えば，家族が死亡して他の家族（相続人や受遺者）に財産が相続や遺贈される場合，家族が生前に他の家族に財産を贈与（無償で譲渡）する場合，または，財産を売買（有償で譲渡）する場合，等である。

財産が移転する場合に関係する法律としては，まず民法がある。民法は，相続（民法 882 条～1050 条），贈与（同法 549 条～554 条），売買（同法 555 条～585 条）等を定めており，財産の移転の仕方に応じて，これらの規定が適用される。

(2) 財産の移転と税法

このように，財産の移転には民法がまず関係するが，他に重要な法律として，税法も関係する。

財産の移転に限らず広く考えてみると，人々の社会生活では，勤務先の会社から給与が支払われる，商品を購入して代金を支払う，不動産を第三者に売却する等の様々な活動が行われている。そしてこれらの活動も，何らかの法律関係に基づいて行われている。これらの法律関係に即して，どのような税金が発生するのかを定める法律が税法である。税金には所得税，法人税，相続税，消費税等の多くの種類があり，これらの税はそれぞれ所得税法，法人税法，相続税法，消費税法等の法律で定められている。

家族の間で財産が移転するときにも，税金が関係する。例えば，相続では相続税，贈与では贈与税，売買では所得税等の税金が発生することがある。

なお，税法は，毎年，改正が行われている。そのため，ある法律関係についてどの時点の税法が適用されるかには気を付けなければならない。本章は，令和 4（2022）年 4 月 1 日現在の法令等に基づいて説明する。

2. 家族の間の財産の移転に関係する主な税

(1) 相続税

相続税は，相続や遺贈により，相続人や受遺者が取得した財産の一定の部分に対してかかる税金である。相続税は，相続税法で定められている。

(a) 相続税が課税される財産

相続税が課税される財産には，以下のものがある。

まず，相続や遺贈によって取得した財産である。

そして，この財産の他に，相続税法上の「みなし相続財産」にも相続税が課税される。みなし相続財産の例は，被相続人の死亡に伴い支払われる生命保険金などである。

また，被相続人の生前に被相続人（贈与者）から財産の贈与を受けた者（受贈者）が，贈与税の申告の際に相続時精算課税[1)]を適用した場合には，その贈与された財産も，相続税が課税される財産となる。

さらに，相続が発生する前の3年以内に被相続人から財産の贈与を受けて相続時精算課税を適用しなかった場合の贈与財産も，相続税が課税される財産となる。

(b) 相続税が課税される財産から控除されるもの

相続税が課税される財産から控除されるものとして，被相続人の債務，葬式費用がある。債務とは，被相続人の借入金等である。葬式費用とは，債務ではないが，一定の相続人等が負担した葬式等にかかった費用で，通常は，寺や葬儀社へ支払った金額等を指し，墓地の購入代金や香典返しの費用等は含まれない。

それから，非課税財産（生命保険金のうち，500万円×法定相続人の数までの額，等）も控除される。

(c) 相続税がかかる人と相続税の申告

相続税の納税義務者は，相続や遺贈で財産を取得した人で，財産をもらった時に日本国内に住所を有している人，等の定めがある。

相続税の申告は，下記のとおり，遺産に係る基礎控除額があり，この基礎控除額を超える財産を取得した場合に，その財産を取得した相続人等が行う必要がある。つまり，相続等により財産を取得したすべての相

1）　後記2（2）(b) 参照。

続人等が，相続税の申告をしなければならないわけではない。

基礎控除額＝3000万円＋（600万円×法定相続人の数）

相続税の申告は，相続の開始があったことを知った日（被相続人が死亡したことを知った日）の翌日から数えて10か月以内に，被相続人が死亡した時の住所が日本国内であれば，被相続人の住所地を管轄する税務署に，申告書（図13-1）を提出して納税する。

(2) 贈与税

贈与税は，家族（個人）から財産を無償で譲り受けたときにその財産に対してかかる税金である。贈与税は，相続税法の中で定められている。なぜ相続税法が相続税と贈与税を定めているかというと，相続税のみで贈与税がなかったとした場合，生前に財産を家族に贈与してしまえば，相続税を全く負担しないことや，軽減することが可能となるので，贈与税は「相続税を補完」するものとして相続税法で定めたといわれている。

贈与税の課税方法には，下記で説明するように「暦年課税」と「相続時精算課税」の2つがあり，一定の要件に該当する場合には相続時精算課税を選択することができる。財産を無償で譲り受けた者（受贈者）は，財産を無償で譲り渡した者（贈与者）ごとに，上記の2つの課税方法のどちらかを選択する。

贈与税の納税義務者は，贈与によって財産を取得した者（受贈者）であって，申告と納税は受贈者が行い，その期限は，贈与を受けた年の翌年の2月1日から3月15日までとされている。

(a) 暦年課税

「暦年課税」とは，1年間（1月1日から12月31日まで）に贈与を受

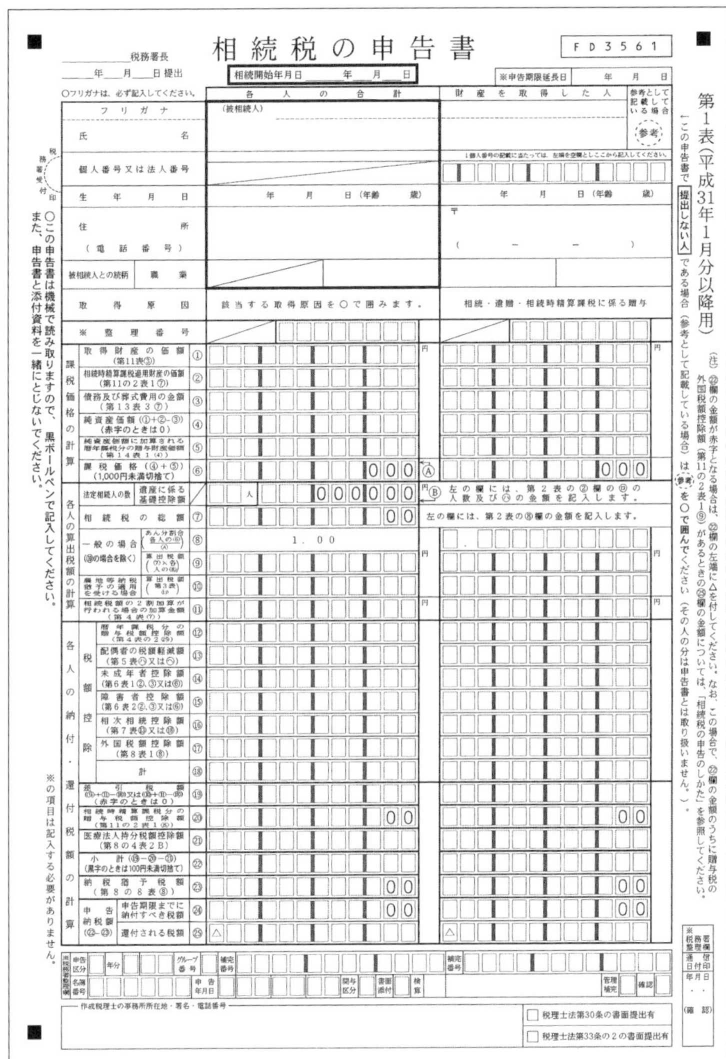

相続税の申告書　FD3561

＿＿＿＿税務署長
＿＿年＿＿月＿＿日提出

相続開始年月日＿＿＿年＿＿月＿＿日

※申告期限延長日　年　月　日

第1表（平成31年1月分以降用）

○フリガナは、必ず記入してください。

	各人の合計	財産を取得した人	参考として記載している場合
フリガナ	（被相続人）		
氏名			参考
個人番号又は法人番号		1個人番号の記載に当たっては、左端を空欄としここから記入してください。	
生年月日	年　月　日（年齢　歳）	年　月　日（年齢　歳）	
住所（電話番号）		〒（　－　－　）	
被相続人との続柄／職業			
取得原因	該当する取得原因を○で囲みます。	相続・遺贈・相続時精算課税に係る贈与	
※整理番号			

区分	項目	番号	各人の合計	財産を取得した人
課税価格の計算	取得財産の価額（第11表③）	①	円	円
	相続時精算課税適用財産の価額（第11の2表1⑦）	②		
	債務及び葬式費用の金額（第13表3⑦）	③		
	純資産価額（①+②-③）（赤字のときは0）	④		
	純資産価額に加算される暦年課税分の贈与財産価額（第14表1④）	⑤		
	課税価格（④+⑤）（1,000円未満切捨て）	⑥	000 Ⓐ	000
各人の算出税額の計算	法定相続人の数／遺産に係る基礎控除額		人　000000 円Ⓑ	左の欄には、第2表の②欄の㋺の人数及び㋩の金額を記入します。
	相続税の総額	⑦	00	左の欄には、第2表の⑧欄の金額を記入します。
	一般の場合（⑩の場合を除く）　あん分割合（各人の⑥／Ⓐ）	⑧	1．00	．
	一般の場合（⑩の場合を除く）　算出税額（⑦×各人の⑧）	⑨	円	円
	農地等納税猶予の適用を受ける場合　算出税額（第3表⑬）	⑩		
	相続税額の2割加算が行われる場合の加算金額（第4表⑦）	⑪	円	円
各人の納付・還付税額の計算	税額控除　暦年課税分の贈与税額控除額（第4表の2㉙）	⑫		
	税額控除　配偶者の税額軽減額（第5表㋥又は㋬）	⑬		
	税額控除　未成年者控除額（第6表1②、③又は⑥）	⑭		
	税額控除　障害者控除額（第6表2②、③又は⑥）	⑮		
	税額控除　相次相続控除額（第7表⑬又は⑱）	⑯		
	税額控除　外国税額控除額（第8表1⑧）	⑰		
	税額控除　計	⑱		
	差引税額（⑨+⑪－⑱）又は（⑩+⑪－⑱）（赤字のときは0）	⑲		
	相続時精算課税分の贈与税額控除額（第11の2表1⑧）	⑳	00	00
	医療法人持分税額控除額（第8の4表2B）	㉑		
	小計（⑲－⑳－㉑）（黒字のときは100円未満切捨て）	㉒		
	納税猶予税額（第8の8表⑧）	㉓	00	00
	申告納税額（㉒－㉓）　申告期限までに納付すべき税額	㉔	00	00
	申告納税額（㉒－㉓）　還付される税額	㉕	△	△

※税務署整理欄　申告区分　年分　グループ番号　補完番号　補完番号
名簿番号　申告年月日　関与区分　書面添付　検算　管理補完　確認

作成税理士の事務所所在地・署名・電話番号
□ 税理士法第30条の書面提出有
□ 税理士法第33条の2の書面提出有

※税務署整理欄　通信日付印　年月日　・　・　（確認）

税務署受付印

○この申告書は機械で読み取りますので、黒ボールペンで記入してください。
また、申告書と添付資料を一緒にとじないでください。

※の項目は記入する必要がありません。

←この申告書で 提出しない人 である場合（参考として記載している場合）は 参考 を○で囲んでください（その人の分は申告書とは取り扱いません。）。

（注）㉒欄の金額が赤字となる場合は、㉒欄の左端に△を付してください。なお、この場合で、㉒欄の金額のうちに贈与税の外国税額控除額（第11の2表1⑨）があるときの㉔欄の金額については、「相続税の申告のしかた」を参照してください。

図 13-1　相続税の申告書（抜粋）
（国税庁ウェブサイト「相続税の申告書等の様式一覧（令和3年分用）」第1表（抜粋））

けた財産の価額の合計額（課税価格）から，基礎控除額 110 万円を差し引いた残額について，贈与税がかかる制度である。つまり，1 年間に贈与された財産の合計額が 110 万円以下であれば，贈与税はかからず，申告の必要もない。

平成 27（2015）年 1 月 1 日以降は，贈与財産に係る税率について特例が設けられ（特例税率），通常の贈与税率（一般税率）よりも優遇されている。特例税率は，贈与を受けた年の 1 月 1 日において 18 歳（令和 4（2022）年 3 月 31 日以前の贈与については 20 歳）以上の子や孫が，直系尊属（父母または祖父母等）から贈与により財産を取得した場合に適用される[2)]。

また，配偶者からの贈与の特例がある。これは，婚姻期間 20 年以上の夫婦の間で居住用不動産または居住用不動産を取得するための金銭の贈与があった場合には，一定の要件に該当すれば，贈与税の申告をすることにより基礎控除額 110 万円のほかに最高 2000 万円までの配偶者控除が受けられるというものである。

(b) 相続時精算課税

「相続時精算課税」とは，贈与を受けたときに，特別控除額（限度額 2500 万円）を控除した残額に一定の税率をかけて贈与税を計算し，贈与者が亡くなったときに相続税で精算する制度である。つまり，相続時精算課税を選択した場合，贈与時に一定の計算で算出した金額の贈与税を支払い，贈与者の死亡時に，贈与財産と相続財産とを合計した価額を元に相続税額を計算し，すでに支払った贈与税額を控除して，相続税を支払うものである（相続税法 21 条の 9 等）。

相続時精算課税は，贈与をした年の 1 月 1 日において 60 歳以上の父

2） 特例税率の適用を受ける場合で，一定の要件に該当するときは，贈与税の申告書とともに，贈与により財産を取得した人の戸籍謄本または抄本その他の書類でその人の氏名，生年月日，その人が贈与者の直系卑属に該当することを証する書類を税務署に提出することが必要である。

母または祖父母（贈与者）から，贈与を受けた年の 1 月 1 日において 18 歳（令和 4（2022）年 3 月 31 日以前の贈与については 20 歳）以上の贈与者の直系卑属（子や孫等）である推定相続人または孫（受贈者）に対し，財産を贈与した場合に，選択することができる。

この制度を選択しようとする受贈者は，納税額がないときであっても贈与税の申告の期限内に相続時精算課税選択届出書を贈与税の申告書に添付して提出しなければならない。

なお，いったん「相続時精算課税」を選択した贈与者からの贈与については，その選択をした年分以降のすべての贈与に「相続時精算課税」が適用され，「暦年課税」へ変更することはできない。

3. 事業承継

(1) 事業承継とは

「事業承継」という言葉には，法律上の定義はない。株式会社等の法人（会社）の所有者または経営者が，その会社の事業や財産などを後継者に承継させることを広く指して「事業承継」ということが多い。

会社法上に定められた 4 つの種類の会社のうちの 1 つが株式会社であり，日本の会社の大部分は株式会社である。そこで，株式会社について説明すると，株式会社には，会社を「所有」する株主と，会社を「経営」する取締役が分離しているという特徴がある。つまり，株式会社は，会社へ出資した者に株式を発行し，株式を保有する者である株主には，剰余金の配当，株主総会での議決権の行使など，様々な権限が与えられている。株主は，株主総会の決議で取締役を選任し（会社法 329 条 1 項），そこで選任された取締役が会社を経営する。このように，会社法上の株主と取締役の地位の違いがあるので，事業承継の場面でも，この点を考慮する必要がある。例えば，会社の株主と取締役が違う者の場合，会社の後継者が取締役として安定して株式会社の「経営」を承継するためには，取締役の選任権限を持つ株主であることが重要である。そこで，株式もこの後継者に承継させるような方法を検討することになる。

事業承継という言葉は，一般的には，上場企業等の大規模な会社における代表取締役の交代の場合には使われず，中小企業を前提として使われる概念である。例えば，中小企業で，いわゆる「オーナー」といわれる株主が，当該会社の代表取締役でもあるという場合，そのオーナーが，株主総会で後継者を取締役に選任して経営を承継させ，株式も後継者に承継させるような場合が典型である。

(2) 事業承継の実態

事業承継で経営者（特に代表取締役社長）が悩むことの１つに，事業を誰に承継させるかという後継者問題がある。

以下のデータは，社長の年齢別に後継者の有無について調査したものであるが，令和３（2021）年のデータで，社長の年齢が60代では約半数，70代は４割弱，80代は約３割が後継者不在という実態がある（表13-1）。

表 13-1　年代別後継者不在率

年代別	30代未満	30代	40代	50代	60代	70代	80代以上
2021年	91.2%	89.1%	83.2%	70.2%	47.4%	37.0%	29.4%

（資料：株式会社帝国データバンク「全国企業「後継者不在率」動向調査(2021年)」を元に作成）

事業を誰に承継させるかという視点から事業承継を分類すると，親族内承継，親族外承継，M & A（社外への引継ぎ）に分類することができる。

まず，親族内承継とは，現経営者の子，子の配偶者，孫等の親族を後継者として承継する場合をいい，家族間での事業承継である。現経営者の保有する株式等の財産を後継者に移転するには，相続，贈与，売買によることになる。

次に，親族外承継とは，親族以外の会社の役員または従業員に承継する場合をいう。会社に貢献してきた役員や従業員の中から経営能力のある人材に承継するものであり，現経営者の保有する株式等の財産は，後継者に売買で移転させるか，または，現経営者や親族（相続人など）に残すか，残すとして誰にどのくらい残すか等の検討を行うことになる。

最後に，M & A は，社外の第三者（他の株式会社や創業希望者等）へ，株式譲渡，事業譲渡，合併等により承継させる場合であり，親族や会社内に適任者がいない場合等に行われる。現経営者の保有する財産は，第三者に売却する方法等で移転させるか，ある程度は現経営者や親族に残すか等を検討する。

(3) 親族内承継における財産の移転

事業承継の分類のうち，家族の間で財産の移転が生じる典型は親族内承継であるため，以下，親族内承継を中心に説明する。

親族内承継においては，後継者に会社の所有と経営を任せるために現経営者から後継者に株式や不動産等の財産を移転させることを検討する。

ただし，現経営者の相続人となる予定の者には，現経営者の死亡により発生する相続に対するそれぞれの思いがあることも多い。そのため，現経営者の生存中に行われる事業承継の場面では，将来の現経営者の相続も見据えた紛争が，後継者と後継者以外の家族との間で生じる場合がある。

そして，株式をはじめとする現経営者の財産を後継者に移転する際には，税金に対する当事者の関心が非常に高い。したがって，事業承継は，財産の移転という民法の問題や，取締役等の選任という会社法の問題だけでなく，税金の対策及び納税資金の確保という税法の問題もセットで考えることになる。

(a) 株式の承継

株式会社は，原則として，株主総会の普通決議（会社法 309 条 1 項）で取締役を選任でき（会社法 329 条 1 項），解任できる（会社法 339 条 1 項）。普通決議とは，定款に別段の定めがある場合を除き，議決権を行使することができる株主の議決権の過半数を有する株主が出席し，出席した株主の議決権の過半数で行う決議である。

そのため，後継者自身が議決権のある株式の過半数を保有している場合は，後継者の意思で取締役を選任等できるので，安定した経営が可能であるといえる。しかし，後継者以外の株主（前経営者やその親族等）で議決権のある株式の過半数を占める場合には，その株主の意向で，いつでも後継者は取締役を解任されるというリスクがある。このような理由で，後継者が株式の過半数を保有することは重要である。

株式を後継者に移転させる方法としては，①売買（有償譲渡），②生前贈与（無償譲渡），③遺言，が考えられる。

①売買（有償譲渡）は，現株主（売主）と後継者（買主）との間で譲渡価額を決めて株式を売買することである。

中小企業の株式は，通常，取引相場のない株式（非上場株式）である。税法では，取引相場のない株式でも，一定の評価方法により時価を算定し，時価よりも著しく低い金額で株式を譲渡すると，時価と譲渡価額との差額に贈与税が課税される制度がある（みなし贈与課税）。そのため，実務では，税金のことを考えるならば，時価で評価した価額を譲渡価額とするか，少なくとも相続税評価額を上回る金額を譲渡価額とすべきとされている。

売買により株式が譲渡される場合，株式の取得価額と譲渡価額との差額（増加益）に対し，約20パーセントの税率で，売主に対し所得税等が課税される。株式の売主にとっては，株式をいくらで売却するか，税金がどのくらいかかるか等を検討し，株式の買主である後継者にとっては，株式をいくらで買い取るのか，その資金をどのように準備するか等の問題をクリアする必要がある。

次に，②生前贈与（無償譲渡）は，現株主（贈与者）が生存中に，後継者（受贈者）に対し株式を贈与する，つまり，無償で譲渡することである。

生前贈与では，受贈者に贈与税が課税されるが，前述のとおり，贈与税の制度（暦年課税，相続時精算課税）を選択して用いることができる。また，相続人間では民法上の遺留分[3)]の問題があるが，後記(b)で説明する。

最後に，③遺言は，現株主（遺言者）が，後継者（相続人等）に，株式を相続させる，または，遺贈するという遺言を作成することである。典型は，遺産に属する特定の財産を共同相続人の一人に承継させる旨の遺言（特定財産承継遺言。民法1014条2項）による場合である。例えば，「遺言者は，遺言者の有する株式会社Aの株式のすべてを，長男Bに相続させる。」という遺言を作成する場合である。

ただし，特定財産承継遺言により相続された株式は，遺留分の算定の基礎となる財産に含まれるため，相続人間で紛争となる場合もある。そ

3)　遺留分については本書第12章を参照。

こで，民法上の遺留分侵害の有無及びその対策を検討しておくことが望ましい[4)]。

遺言により株式が移転する場合，株式は相続税が課税される財産であり，相続税の対象となる。

(b) 経営承継円滑化法による特例

上記の②生前贈与における遺留分の問題とは，現経営者が，生前に，後継者である相続人に，自社の株式を贈与して承継させようとしても，遺留分があるために，承継がうまくいかなくなってしまう場合である。例えば，株式の所有者（贈与者）には配偶者や子（相続人となる可能性のある者）が複数おり，株式の所有者が生前贈与により後継者（受贈者）に株式を集中して承継させようとして生前贈与を行ったところ，贈与者の死亡後に，遺留分を侵害された当該相続人から，後継者（受贈者）に対し，遺留分侵害額に相当する金額の支払いを求められ，後継者は承継した株式を処分する等して支払額をねん出せざるを得なくなり，結局は事業継続ができなくなる等の問題が生じることがある。

そこで，事業承継が円滑に行われることを目指し，上記の遺留分の問題に対応するための遺留分に関する民法の特例，事業承継に伴う税負担を軽減する特例である事業承継税制，等を定めた経営承継円滑化法が，平成 20（2008）年 5 月に制定された。

遺留分に関する民法の特例とは，後継者と現経営者（前経営者）の相続人となる者全員との合意と，経済産業大臣の確認及び家庭裁判所の許可の所要の手続きを経ることを前提に，①除外合意（生前贈与した株式の価額が，遺留分を算定するための財産の価額から除外される合意），②固定合意（遺留分を算定するための財産の価額に算入する価額を合意時の時価に固定する合意。つまり，生前贈与した株式の価額の価値の上昇分が，遺留分を算定するための財産の価額に含まれないとする合意）

4） 脚注 3 と同様。

をすることができるという制度である。①除外合意によると，後継者が前経営者から生前贈与により取得した自社株式の価額が，遺留分算定のための財産の価額に加算されないので，加算されない部分については他の相続人は遺留分の主張ができなくなる。また②固定合意によると，後継者が自社株式の贈与を受けた後に，自社株式の価額が上昇しても，遺留分の算定に用いる株式の価額は固定されていて上昇分は影響しないので，相続時に予想以上の遺留分の主張をされることがない。

また，事業承継税制とは，贈与税・相続税の納税猶予や免除を認めるもので，都道府県知事の認定を受けた非上場株式の贈与・相続による贈与税・相続税の納税を待ってもらうことができ，さらに一定の場合にはその猶予した税額を免除されるという制度である。

(c) その他の財産の承継

事業に使用している工場や店舗の敷地・建物，設備等の事業用の財産を，株主または代表者（現経営者）が所有している場合がある。

株式は後継者に承継させたとしても，このような事業用の財産を前経営者が所有したままだと，事業を継続していくためには，当該所有者から，後継者または会社が賃貸するか，売買する等が必要になる。また，当該所有者の死亡により，後継者以外の相続人にこれらの事業用の財産が相続される事態も想定される。こうなると法律関係が複雑になり，会社経営に支障が出る場合もある。そのため，株式の移転と同様に，事業用の財産の移転及びその手法も検討した方がよい場合がある。

4. 税金に関する争い

家族間の財産の移転について，遺留分等の家族間の紛争の他に，税金の紛争が生じることがある。それは，相続税，贈与税，所得税等の課税の有無や税額等について，納税者と課税庁との間で生じる紛争のことである。

例えば，被相続人が死亡し，被相続人の相続財産について相続人で遺産分割協議を行い，相続税申告書を課税庁に提出して税金を納付した後，課税庁が，相続税の申告が誤っており納付した税金が足りないと指摘して，相続人（納税者）に対し，相続税の追徴課税の処分をしたが，相続人（納税者）が課税庁の当該処分に不服があり当該処分を取り消して欲しいと求める等である。

課税庁の処分に不服のある相続人（納税者）は，いきなり裁判所に訴訟を提起することはできず，まずは課税庁の当該処分について不服申立手続を行う（不服申立前置主義）。

所得税や相続税といった国税の不服申立ては，①税務署長等に対する再調査の請求，②国税不服審判所長に対する審査請求，の順で行う。ただ，①再調査の請求を経ずに，最初から②審査請求を行うことも認められている。

そして，不服申立手続で納税者の主張が認められない場合に，地方裁判所に当該処分の取消を求めて訴訟を提起することになる。

租税に関する訴訟は，一般的に税務訴訟といわれる。税務訴訟の類型にも様々あるが，典型は上述したような課税処分の取消を求める訴訟であり，これは行政事件訴訟法に規定される取消訴訟に分類される。

5. 税金に関する社会問題

家族間の財産の移転で特に関心が高いのは，親や自分が死亡したらどのくらい相続税がかかるのか，相続税の節税対策はできないか，といった税金問題だと思われる。

平成 27（2015）年 1 月 1 日から施行された改正相続税法は，これまで相続税が課税されない程度の財産で相続税の心配をしなくてよかった者でも，当該改正法により相続税が課税されるようになるといわれ，相続税が増税になると大きな話題になった。

この相続税法の改正の前後で見ると，相続税の課税の対象となる財産の価格の総額は，平成 23（2011）年分が約 10 兆 7000 億円だったのに対し，令和 2（2020）年分は約 16 兆 4000 億円となり，相続税額は，平成 23（2011）年分が約 1 兆 3000 億円だったのに対し，令和 2（2020）年分は約 2 兆 1000 億円となっている[5)]。

そのため，資産家の中には税金の負担の軽い海外に移住したり，かなりの高齢になってから多額の銀行借入をして不動産を購入する等，節税対策に積極的に取り組む現象も起きている。他にも，節税対策の例としては，生命保険を用いるもの，土地所有者が銀行でローンを組み，その土地上にアパート等を建設しそれを業者が借り受けて家賃保証をする等，様々な手法がある。しかし，きちんと検討をせずにそのような手法を用いることなどによって，思いもよらない被害を受ける者が出てくるといった社会問題も生じる可能性がある。

---

5)　令和 3 年 12 月国税庁「令和 2 年分　相続税の申告実績の概要」から抜粋。

学習課題

1. 自分の財産を家族に移転させるとして，誰に，何を，どのような方法で移転させたいか，考えてみよう。
2. 税法は毎年，改正が行われている。そこで，例えば，相続時精算課税について，現在の内容がどうなっているかを，国税庁のウェブサイトなどで調べてみよう。

参考文献

我妻榮ほか『民法3　親族法・相続法［第4版］』（勁草書房，2020年）
前田陽一ほか『民法Ⅵ　親族・相続［第6版］』（有斐閣，2022年）
佐久間裕幸ほか『会社税務マニュアルシリーズ5　事業承継［第十次改訂］』（ぎょうせい，2020年）

14 家族紛争の法的解決

佐藤香織

《学習のポイント》 家族の間で紛争が起きて，話し合いで解決できないときには，裁判所の手続で法的な解決を図ることになる。裁判所の手続には様々なものがあり，事案に応じて適切な手続を選択する。裁判所での手続がどのように進行するか，当事者はどのような主張をすることができるか，など，家族紛争の法的な解決方法について考える。

《キーワード》 家庭裁判所，調停，審判，人事訴訟，地方裁判所，民事訴訟，強制執行

1．家族の紛争と家庭裁判所

家族の間では，夫婦に関するもの，親子に関するもの，相続に関するものなど様々な問題が起こり，家族で紛争となることがある。このような家庭に関する事件は，一般に家事事件と呼ばれる。家事事件を法的に解決しようとする場合，その多くは，家庭裁判所で扱われる。

家庭裁判所では，家事事件のほかに，少年事件[1)]なども扱う。具体的にいうと，家庭裁判所で扱われるのは，家事事件の審判及び調停，夫婦・親子間の訴訟（人事訴訟）の第一審の裁判，少年審判などである(裁判所法 31 条の 3)。

家事事件を家庭裁判所の関与という点からみると，調停委員会が当事者双方から事情を聴くなどして解決を図る「調停」，裁判官が当事者か

1） 家庭裁判所は，少年事件として，犯罪少年（罪を犯した 14 歳以上 20 歳未満の少年），触法（しょくほう）少年（行為時に 14 歳未満であったため，法律上，罪を犯したことにならない少年）などの事件を扱う。なお，少年法における「少年」は 20 歳未満の者であり，女子も含む。

ら提出された書類などの資料に基づき決定する「審判」，裁判官の判決による「人事訴訟」がある。

家事事件は，本来は当事者による話し合いで解決することが望まれるものである。しかし，家族間の紛争の背景には感情的な対立や長期間の確執などがあることが多く，法律論のみでは解決が図れない場合もある。また，原則として公開の法廷で審理が行われる民事事件と異なり，プライバシーへの配慮が必要であるという特徴もある。そこで，家事事件については，家事事件手続法，家事事件手続規則などにより特別な手続が定められている。

家庭裁判所における家事事件の数は増加傾向にある。家庭裁判所にその年に新しく申し立てられた家事事件（新受事件）の事件総数は，令和3（2021）年は115万372件であった[2)]。これは，10年前の平成23（2011）年の81万5524件と比較すると約1.4倍，20年前の平成13（2001）年の59万6478件と比較すると約2倍となっている[3)]。

2. 家事事件の法的解決の方法

家事事件の法的解決には，家庭裁判所における「調停」と「審判」がある。それで解決しないなどの一定の場合には家庭裁判所における「人事訴訟」，または，地方裁判所における「民事訴訟」となる。

(1) 調停

家事事件における調停とは，家庭裁判所において，裁判官と調停委員から構成される調停委員会が，当事者双方から事情を聴くなどして，話し合いにより紛争が解決できるように助言やあっせんを図る手続であ

---

2) 「令和3年司法統計年報　3家事編　第1表」令和4年8月最高裁判所事務総局。

3) 平成13（2001）年及び平成23（2011）年についても脚注2参照。

る。

調停の対象となる事件には，まず，家事事件手続法の別表第二の事項に関する調停（別表第二調停）がある。別表第二調停となるのは，親権者の変更，養育費の請求，婚姻費用の分担，子の監護に関する処分（面会交流），遺産分割などである。これらの事件は，当事者の話し合いによる解決が期待されるため，他の手続に先立って調停が行われる。このように，他の手続より先に調停を行うことを「調停前置主義」という（家事事件手続法 244 条，257 条）。

別表第二調停の具体例としては，離婚後または離婚前であっても夫婦が別居しているときに，子どもを養育・監護していない方の親が子どもと面会等を行いたいときに，家庭裁判所に「子の監護に関する処分（面会交流）」の調停を申し立てる場合がある。この調停を申し立てる裁判所（管轄裁判所）は，相手方の住所地の家庭裁判所または当事者が合意で定める家庭裁判所である。この調停が不成立となった場合は，自動的に審判に移行する。

また，別居中の夫婦の間で，配偶者及び子どもの生活費など生活に必要な費用（婚姻費用）の分担の話し合いができないとき，家庭裁判所に「婚姻費用分担請求」の調停を申し立てる場合がある。管轄裁判所は，相手方の住所地の家庭裁判所または当事者が合意で定める家庭裁判所である。この調停が不成立の場合は，自動的に審判に移行する。

他に，特殊調停（親子関係の不存在確認，認知など。），一般調停（離婚，離縁など。別表第二調停及び特殊調停を除いた事件をいう。）がある。特殊調停が不成立の場合，解決のためには家庭裁判所に人事訴訟を提起することになる。一般調停が不成立の場合は，地方裁判所に民事訴訟を提起するか，離婚や離縁などは家庭裁判所に人事訴訟を提起する。

令和 3（2021）年の調停事件の新受事件の総数は 13 万 2556 件であ

る[4)]。図 14-1 のとおり，令和 3（2021）年までの約 10 年間は，新受事件数は 14 万件前後で推移している。令和 3（2021）年から 20 年前の平成 13（2001）年の新受事件数は 12 万 2148 件であり，増加する傾向となっている[5)]。

令和 3（2021）年の調停事件の内訳は，図 14-2 のとおり，婚姻中の夫婦間の事件が最も多く，次いで，子の監護，婚姻費用分担，遺産分割等の順となっている。

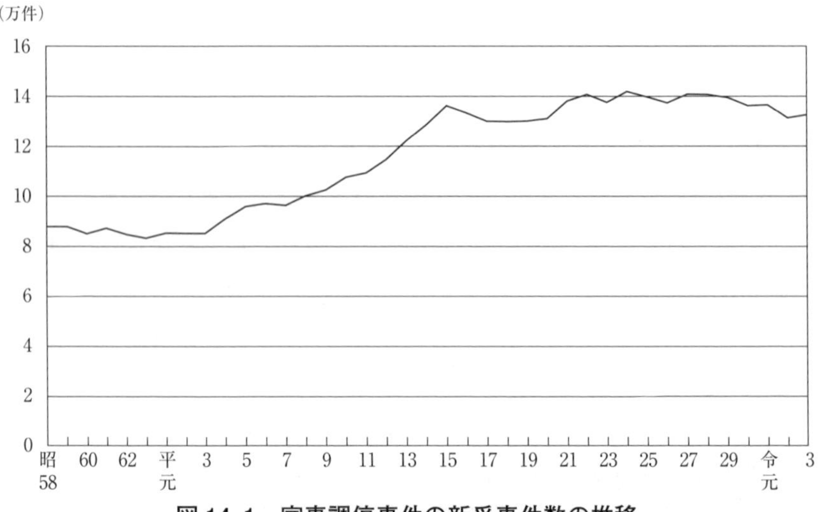

図 14-1　家事調停事件の新受事件数の推移

（「令和 3 年司法統計年報概要版　3 家事編」令和 4 年 8 月最高裁判所事務総局）

4）「令和 3 年司法統計年報　3 家事編　第 1 表」令和 4 年 8 月最高裁判所事務総局。

5）平成 13 年（2001）についても脚注 4 参照。

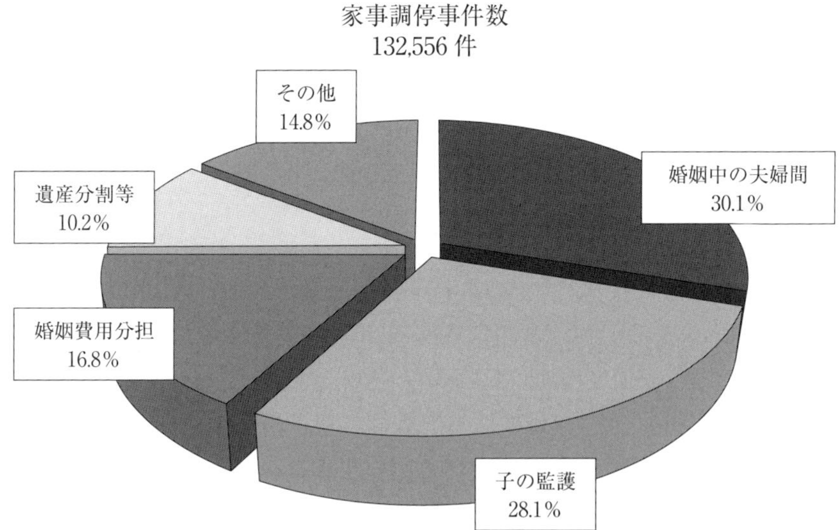

図 14-2　家事調停事件の新受事件数の事件別の構成比
(「令和 3 年司法統計年報概要版　3 家事編」令和 4 年 8 月最高裁判所事務総局)

(2) 審判

家事事件における審判とは，家事事件のうち一定の事項について，当事者が提出した証拠等に基づき，裁判官が決定する手続である。

審判事件は，その内容により 2 つに分かれる。1 つ目は，家事事件手続法の別表第一事件と呼ばれるものであり，成年後見人の選任，相続放棄，養子縁組の許可などが該当する。2 つ目は，家事事件手続法の別表第二事件と呼ばれるものであり，親権者の変更，婚姻費用の分担，遺産分割などが該当する。

別表第一事件には，当事者が対立しない性質の事件が挙げられている。そのため，調停での話し合いが予定されておらず，はじめから審判で手続を行う。

一方，別表第二事件には，当事者が対立して争いとなる性質の事件が挙げられており，こうした事件はまずは当事者間での話し合いによるべきとされる。そこで，別表第二事件は，まず調停を申し立て，話し合いがまとまらずに調停が不成立で終了すると，調停から審判に移行して審判で手続が行われる。

令和3（2021）年の審判事件の新受事件の総数は96万7143件[6)]であり，図14-3のとおり，その10年前の平成23（2011）年の63万6758件と比較して約1.5倍，20年前の平成13（2001）年の45万6611件と比較すると約2.1倍に増加している[7)]。

令和3（2021）年の審判事件の内訳は，別表第一事件は，図14-4のとおり，相続放棄が最も多く，別表第二事件は，図14-5のとおり，子の監護が最も多く，次いで，婚姻費用分担，遺産分割等となっている。

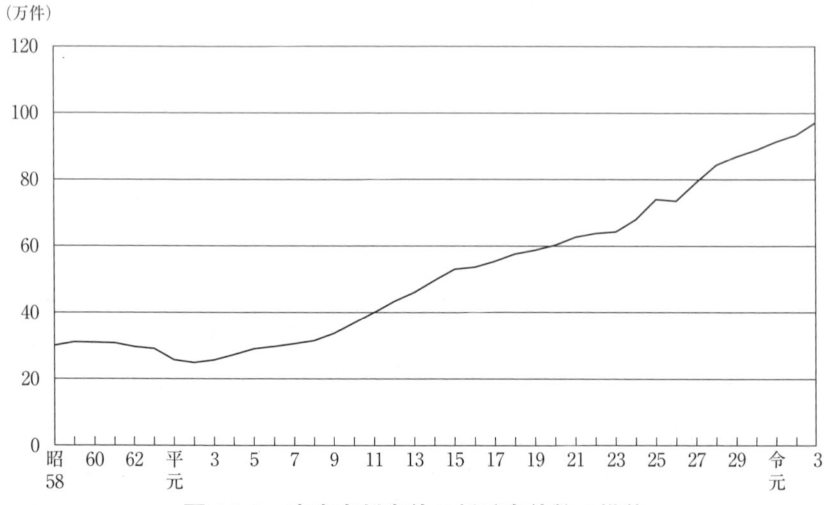

図14-3　家事審判事件の新受事件数の推移
（「令和3年司法統計年報概要版　3家事編」令和4年8月最高裁判所事務総局）

6）「令和3年司法統計年報　3家事編　第1表」令和4年8月最高裁判所事務総局。

7）平成13（2001）年及び平成23（2011）年についても脚注6参照。

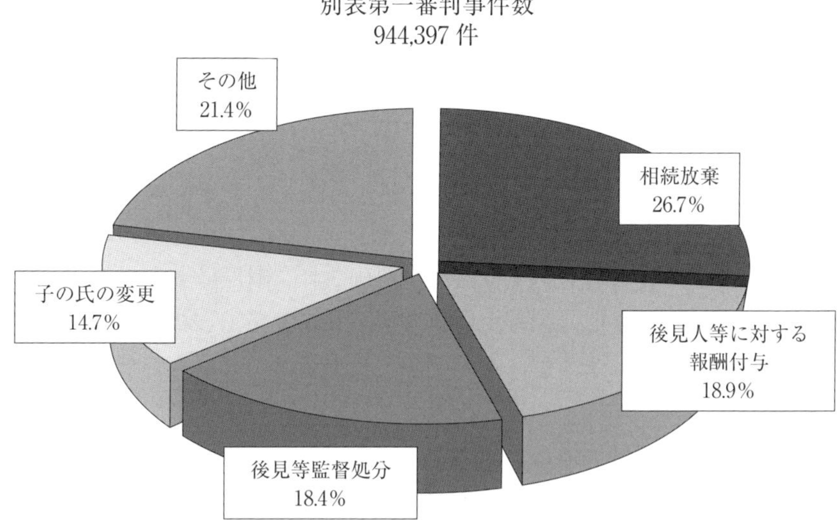

図14-4　別表第一審判事件の新受事件数の事件別の構成比
(「令和3年司法統計年報概要版　3家事編」令和4年8月最高裁判所事務総局)

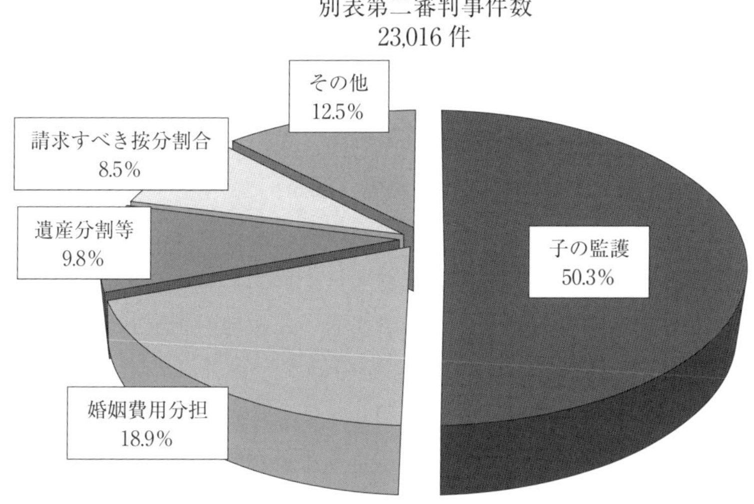

図14-5　別表第二審判事件の新受事件数の事件別の構成比
(「令和3年司法統計年報概要版　3家事編」令和4年8月最高裁判所事務総局)

(3) 人事訴訟

離婚，認知など，夫婦・親子・養親子の身分関係を形成または解消するために家庭裁判所が扱う訴訟を，人事訴訟という。人事訴訟は，人事訴訟法に基づいて行われる。

夫婦や親子などについての家事事件は，最初に人事訴訟を起こすことはできず，まずは家庭裁判所に調停を申し立てる（調停前置主義)。これは，当事者の話し合いによる解決が期待され，調停によるべきとされるからである。しかし，調停で解決せず不成立で終了した場合，裁判所における法的手続による解決を希望する当事者は，人事訴訟を提起することになる。

人事訴訟の管轄裁判所は，原則として，当事者（離婚であれば夫または妻）の住所地の家庭裁判所である。ただし，その家庭裁判所と人事訴訟を起こす前に調停を取り扱った家庭裁判所とが違う場合は，調停を取り扱った家庭裁判所で人事訴訟を取り扱うこともある。

離婚を例として，人事訴訟に至る法的手続の流れは，次のようになる。

離婚について夫婦での協議がまとまらない場合やそもそも協議ができないという場合，調停前置主義により，夫婦のどちらか一方が申立人となり，相手方の住所地を管轄する家庭裁判所，または当事者が合意で定める家庭裁判所に，「夫婦関係調整等調停（離婚)」を申し立てる。調停では，離婚，離婚後の未成年の子どもの親権者，財産分与，慰謝料などを話し合うことができる。調停で解決せずに不成立となった場合は，当事者の一方が原告となり，いずれかの当事者の住所地の家庭裁判所に離婚訴訟を提起する。離婚訴訟では，離婚のほか，親権者の定め，養育費，財産分与，年金分割などについて申し立てることができる。訴訟の手続の中で，和解がなされるか，判決により手続が終わる。

(4) 民事訴訟

民事訴訟は，紛争の解決のために地方裁判所を第一審とする訴訟で，財産権に関する紛争の解決などに利用される手続である（なお，紛争の対象となるものの金額が 140 万円以下の民事訴訟の第一審は，簡易裁判所で取り扱われている。）。財産権に関する紛争とは，例えば，貸金返還請求，不動産明渡請求，損害賠償請求などである。

家事事件にも，民事訴訟の手続によって行われるものがあり，代表例が遺言無効確認請求である。相続人や受遺者の間で遺言の成立過程や遺言の内容に争いがあり，遺言の効力について当事者の話し合いで解決できない場合に，民事訴訟である遺言無効確認請求訴訟を提起して，法的解決を図る。

(5) 行政訴訟

相続に関する家事事件，財産分与を請求する離婚事件などとは別に，家族間で財産が移転することに伴って税金に関する問題が生じることがある。例えば，相続税，贈与税，所得税などの問題である。その問題を解決するために，税務訴訟といわれる行政訴訟を起こす場合がある。これについては，第 13 章の 4 を参照されたい。

(6) まとめ

家事事件の法的解決の手続の概要は，表 14-1 のとおりである。

3. 裁判所の関与

(1) 調停

家事事件の調停は，裁判官（または調停官[8]）と調停委員（最高裁判

---

8) 民事・家事の調停事件の処理に関し裁判官が行うものと定められているのと同等の権限を持つ非常勤職員。5 年以上の経験を持つ弁護士の中から，最高裁判所が任命する（家事事件手続法 250 条，251 条）。

表 14-1　家事事件の法的解決の手続の概要

事項 （主なもの）	家庭裁判所			地方裁判所
	調停	審判	人事訴訟	民事訴訟
・成年後見の開始 ・養子縁組をするについての許可 ・相続の放棄の申述の受理		審判のみ		
・面会交流 ・婚姻費用の分担請求 ・遺産分割 ・寄与分を定める処分 ・親権者の変更 ・養育費請求	調停（①）	①が不成立→自動的に審判手続に移行		
・離婚 ・離縁	調停（②）		②が不成立→別途，人事訴訟提起	
・遺留分侵害額請求	調停（③）			③が不成立→別途，民事訴訟提起
・遺言無効確認				最初から民事訴訟提起

所から任命された民間人で，通常は男女 2 名。非常勤。家事事件手続法 249 条）の合計 3 名が調停委員会（家事事件手続法 247 条，248 条）を構成し，主に調停委員 2 名が当事者双方から話を聴く。調停は，非公開で行われる。

調停は，家庭裁判所での当事者双方の話し合いによって紛争の解決を図るものであり，どちらが正しいかを決めるものではない。このような調停には一般市民の良識を反映させることが望ましいため，調停委員は，社会生活上の豊富な知識・経験を持つ人の中から選ばれる。原則として 40 歳以上 70 歳未満であること，弁護士，大学教授，公認会計士などの専門家のほか，地域社会に密着して幅広く活動してきた人など各分野の人が調停委員に選ばれている。

また，家庭裁判所には，家庭裁判所調査官（裁判所法 61 条の 2）がおり，家事事件の調停及び審判，人事訴訟の第一審の裁判，少年の保護事件の審判などに必要な調査を，裁判官の命令により行っている。家庭裁判所調査官は，社会学・児童心理学・教育学等の専門的知識を有しており，例えば，離婚事件で子どもの親権に争いがある場合に，裁判官の命を受けて，家庭裁判所調査官が子どもの父母の人間関係や生活環境などを調査して，裁判官に報告するなどの業務を行っている。

調停で当事者間の合意が成立した場合には，調停委員会がその合意が相当であると認めて調停調書に記載して，調停は成立する（家事事件手続法 268 条）。

合意が成立せずに調停が成立しない場合，調停委員会は事件を終了させることができる。例えば，夫婦の問題についての調停で，夫婦の一方が調停に出頭しない場合や，夫婦の主張が相容れない場合など，調停での解決は困難であると調停委員会が判断する場合には，調停は成立せずに終了するか，調停を申し立てた当事者の取下げによって終了する。

なお，家庭裁判所は，調停が成立しない場合において相当と認めるときは，当事者双方のために衡平に考慮し，一切の事情を考慮して，職権で，事件の解決のため必要な審判をすることができる。これを「調停に代わる審判」といい（家事事件手続法 284 条），調停の手続の中で行われる。

(2) 審判

家事事件の審判は，裁判官が，当事者から提出された書類や家庭裁判所調査官が行った調査の結果など種々の資料に基づいて，非公開で審理を行い，決定を出す。この決定を「審判」といい，審判書が作成される。

また，審判には，民間人から選ばれた参与員が関与する場合がある。参与員は，名の変更，戸籍訂正，未成年者の養子縁組などの家庭裁判所で行われる審判事件の手続の際に，審判に立ち会ったり，裁判官が判断をするのに参考となる意見を述べる等する（家事事件手続法 40 条）。

審判に不服がある当事者は，不服（「即時抗告」という。）を申し立てて，高等裁判所の再審理を求めることができる。ただし，即時抗告ができるのは一定の事件に限られる。即時抗告をせずに 2 週間が過ぎた場合や高等裁判所で即時抗告が認められなかった場合には，審判が確定する。

(3) 人事訴訟

調停で解決できない場合で，法的手続による解決を求める者は，家庭裁判所に人事訴訟を提起する。

人事訴訟は，後述する民事訴訟の一種であるから，基本的には民事訴訟と同じ手続が取られる。ただし，民事訴訟と異なるのは，人事訴訟の対象である身分に関する事項は家庭裁判所の後見的機能，福祉的機能に基づき解決を図ることが適切であることから，職権探知主義（裁判所が，当事者が主張しない事実をしん酌し，職権で証拠調べができるとする原則。人事訴訟法 20 条）が取られているという点である。また，参与員が審理や和解の試みに立ち会って意見を述べたり，家庭裁判所調査官が親権者指定について子どもに面接して調査したりする等を行うことも，家庭裁判所における訴訟である人事訴訟の特徴である。

人事訴訟は，判決または和解によって終了する。

(4) 民事訴訟・行政訴訟

民事訴訟と行政訴訟は，裁判官が，当事者双方の言い分を聴き，当事者が提出した証拠を調べるなどして，紛争の解決を図る手続である。

民事訴訟及び行政訴訟では，弁論主義（判決の基礎となる事実及び証拠の収集は当事者が責任と権限を持つとの原則。）が取られており，人事訴訟で取られている裁判所の職権での証拠調べ等は行われない。

民事訴訟は，最終的には判決または和解によって終了する。行政訴訟は，行政は法律に従ってのみ行われなければならないという原理により，多くの事件が和解による解決でなく，判決により終了する。

4. 権利の実現方法

(1) 調停の効力

別表第二調停と一般調停においては，当事者の合意が成立し，合意が調停調書に記載された場合，その記載が確定した審判と同一の効力を持つ。

特殊調停で合意に相当する審判が確定すると，確定判決と同一の効力が認められる。

(2) 審判の効力

審判が確定すると，金銭の支払を命じる審判であればその支払を受けることができる。支払義務のある者（債務者）が支払わないときには，支払の請求権のある者（債権者）は，審判を債務名義として強制執行（下記（4）(b)）をすることができる（家事事件手続法 75 条）。

債務名義とは，裁判所に強制執行の申立てをするために必要なもので，代表的なのは，家事調停調書正本，家事審判書正本，判決正本，和解調書正本，公正証書正本，等である。

(3) 判決の効力

判決は，判決の正本が送達された日の翌日から起算して2週間以内に不服を申し立てなければ確定する。確定した判決は，債務名義となり，強制執行（下記（4）(b)）をすることができる。

(4) 権利の実現方法

(a) 履行勧告・履行命令

家庭裁判所の審判または調停により決められた債務を履行しない義務者について，権利者が家庭裁判所に履行勧告の申出をし，家庭裁判所が義務者に対し説得または勧告をする制度を，履行勧告という。金銭の支払などの財産上の給付義務のみならず，夫婦の同居義務，監護権者に対する子どもの引渡義務なども含まれる。ただし，この説得または勧告に法的な強制力はない。

そこで，家庭裁判所が，権利者の申立てにより，審判または調停に定められた財産上の給付義務を履行しない義務者に対し，相当の期間を定めてその義務の履行を命じる制度が設けられている。これを，履行命令という。正当な理由なく履行命令に従わない場合，10万円以下の過料の支払が命じられる場合がある。ただし，過料も10万円以下という金額のため，義務者によっては履行命令にも応じない可能性がある。

(b) 強制執行

家庭裁判所の調停，審判，判決で定められた債務を履行しない債務者に対しては，債務の履行を法的に強制する制度がある。これを強制執行といい，強制執行の手続をとるためには，（ア）債務名義の正本（調停調書，審判書，判決書などの正本)，（イ）これらの書面の送達証明書，

（ウ）審判・判決が確定したことの証明書，などの書類が必要である。

また，上記（ア）が，別表第二調停以外の事件の調停調書，人事訴訟の判決，和解調書の場合には，これらの書面に執行文（強制執行ができるという証明書）を付与してもらうため，別途，執行文付与の申立てをする必要がある。

強制執行には，直接強制と間接強制がある。

まず，直接強制は，権利者が地方裁判所に申し立て，裁判所が義務者の財産（不動産・債権など）を差し押さえて，その財産の中から支払等を受ける制度である。

差押えは，通常の場合，支払日が過ぎても支払われない分（未払分）についてのみ行うことができる。しかし，養育費や婚姻費用など定期的に支払時期が来るものについては，未払分に限らず，将来支払われる予定の，まだ支払日が来ていない分（将来分）についても差押えをすることができる。将来分について差し押さえることができる財産は，義務者の給料等の継続的に支払われる金銭であり，その支払時期が養育費などの支払日よりも後に来るものである（民事執行法 151 条の 2）。原則として給料等の 2 分の 1 に相当する部分までを差し押さえることができる[9]。

間接強制は，債務を履行しない義務者に対し，一定の期間内に履行しなければその債務とは別に間接強制金を課すことを警告（決定）するものである。調停，審判または判決等をした家庭裁判所に申し立てる。

原則として，金銭債権に対する間接強制はできないとされているが，養育費と婚姻費用については，間接強制の方法による強制執行が可能である。ただし，間接強制の決定がされても義務者が養育費等を自発的に支払わない場合，養育費や間接強制金の支払を得るためには，別に直接

9）民事執行法 152 条 3 項。なお，通常の強制執行で差し押さえることができるのは，原則として 4 分の 1 に相当する部分までである。

強制の手続をとる必要がある。

なお，子の引渡しについては，間接強制の方法による強制執行を行っても債務者が子を引き渡さない場合などには，債権者の申立てにより，家庭裁判所が決定し，その決定に基づき執行官が債務者による子の監護を解くことによって債権者に対する子の引渡しを実現するという，いわゆる直接強制が認められている（民事執行法174条1項1号）。

(c) 仮差押え・仮処分

家事事件について，調停や審判の手続中に債務者が財産を散逸させるなどしてしまうと，調停成立や審判によって権利を得たときには債務者には財産が無く，権利の実現ができないということがあり得る。そこで，債権者は，金銭の支払を目的とする債権を保全するための仮差押え，不動産を処分され第三者に登記を移されてしまうことなどを防ぐ処分禁止の仮処分の申立てなどを行うことができる。その場合，被保全権利と保全の必要性を疎明する必要がある。

例えば，離婚において，夫婦の一方（債権者）が金銭給付による財産分与を請求しており，その債権を保全するために債務者の財産に仮差押えを行う場合，被保全権利は財産分与請求権となるが，離婚が成立しなければ財産分与請求権は発生しないので，離婚原因となる婚姻関係の破綻と，財産分与請求権の存在を疎明する必要がある。また，保全の必要性は，財産分与が認められるとの判決等を得ても，仮差押えをしておかないと，強制執行ができなくなる，または著しく困難になる場合に認められるため，それに該当する事情を疎明する。

5. その他に取り得る制度やサービス

(1) 公正証書

家事事件において，調停や審判での解決ではなく，当事者間の話し合いで合意したときに，当事者が合意したことを公正証書とする場合がある。公正証書とは，個人や会社などからの嘱託により公証人がその権限に基づいて作成する文書のことである。公証人は，裁判官，検察官などを長く務めた法律実務の経験豊かな者の中から法務大臣が任免する。公証人は全国に約 500 名おり，公証人が執務する事務所である公証役場は全国に約 300 か所ある。

公正証書を作成する例として，離婚の合意をする場合についてみると，公正証書に，①離婚の合意，②親権者と監護権者，③養育費，④面会交流，⑤慰謝料，⑥離婚による財産分与，⑦住所変更等の通知義務，⑧清算条項，⑨強制執行認諾，などの各条項のうち，当事者の要望・必要性に応じて必要な項目を記載することができる。特に⑨の強制執行認諾は，公正証書作成の大きなメリットであり，一定の金銭の支払についての合意と債務者が強制執行を受諾した旨を公正証書に記載することで，支払が履行されないときに，改めて訴訟などを提起しなくても，公正証書を債務名義として強制執行が可能となるという効果がある。

(2) 財産開示手続

債務者の財産の有無がわからない場合など，執行力のある債務名義の正本を有する債権者などは，債務者の財産に関する情報を取得するため，債務者の所在地を管轄する地方裁判所に，財産開示手続を申し立てることができる。

裁判所が財産開示手続の実施を決定すると，財産開示期日が指定され，その前に債務者は財産目録を提出することとされる。債権者は財産開示期日に債務者に質問をすることができるが，債務者が出頭しない場合，財産開示手続は終了する。

(3) 第三者からの情報取得手続

これは，債務者の財産に関する情報を，債務者以外の第三者から提供してもらう手続である。第三者から入手できる情報は，不動産に関する情報，給与（勤務先）に関する情報，預貯金に関する情報，上場株式，国債等に関する情報である。第三者とは，不動産情報は法務局，勤務先情報は市区町村や厚生年金を扱う日本年金機構等，預貯金情報についでは銀行や信用金庫等の金融機関，株式情報は証券会社や銀行等である。

情報取得手続は，執行力のある金銭債権の債務名義の正本を有する債権者など一定の者が，債務者の所在地を管轄する裁判所に申し立てる。

なお，申立てが容認され，情報提供命令が出た場合，裁判所は，第三者からの情報提供書が届くと，債務者に対し，情報提供命令に基づき財産情報が提供されたと通知をする。したがって，直ちに強制執行の手続を行わないと，通知を受けた債務者が財産を隠ぺいするなどして債権者が権利を実現できないこともある。

(4) 弁護士会照会（23 条照会）

弁護士が依頼を受けた事件につき，弁護士が所属する弁護士会を通じて証拠や資料を収集し，事実を調査する制度である（弁護士法 23 条の 2)。この制度は，弁護士法の条文から「23 条照会」ともいわれる。弁護士会照会は，弁護士からの申出に基づき弁護士会がその必要性と相当性について審査を行った上で，弁護士会を通じて照会を行う。照会を行う先は，事件の内容により様々である。例えば，預金の有無や取引内容については銀行等の金融機関が照会先となる。ただし，弁護士の依頼者本人ではなく，事件の相手方などの依頼者以外の者に関する照会は，個人のプライバシー保護や守秘義務などを理由に，照会先から回答が拒絶されることも多い。

(5) 法テラス

経済的な理由で弁護士など法律の専門家に相談ができない，近くに専門家がいないなどの問題に対応するため，日本司法支援センター（法テラス）が設けられている。

法テラスは，法制度に関する情報提供，無料法律相談，弁護士費用等の立替えなど，様々なサービス提供を行っている。

(6) 弁護士会の法律相談

都道府県の弁護士会では，弁護士会館，法律相談センター，デパート等で法律相談を行ったり，電話相談を行うなどしている。インターネットで法律相談の予約ができるところもある。

学習課題

1. 家事事件の審判や調停などが行われる家庭裁判所について，自分の住所地を管轄する家庭裁判所はどこなのか，裁判所のウェブサイトで調べてみよう。
2. 公正証書を作った方がよいのはどういう場合か，考えてみよう。

参考文献

我妻榮ほか『民法 3　親族法・相続法［第 4 版］』（勁草書房，2020 年）
本山敦ほか『家族法［第 3 版］』（日本評論社，2021 年）
前田陽一ほか『民法Ⅵ　親族・相続［第 6 版］』（有斐閣，2022 年）

15 総括〈家族と法〉のゆくえ

本山　敦

《学習のポイント》 第1回から第14回までの講義で学んだ内容について，改めて確認する。さらに，各回を担当した講師が〈家族と法〉をめぐる問題について考察するとともに，〈家族と法〉の今後の方向性について展望する。
《キーワード》 民法，児童福祉法，児童虐待防止法，労働基準法，育児・介護休業法，生活保護法，国民年金法，介護保険法，高齢者虐待防止法，家事事件手続法，人事訴訟法，民事訴訟法，民事執行法，相続税法

1．家族と法の課題

この講義の問題意識は，「はしがき」に記したとおりであるが，まず，それについて確認する。

家族の規模はどんどん小さくなるとともに（生涯未婚率の上昇，単身者世帯の増加），社会全体の高齢化が進展している。まさに，「人生100年時代」の到来は，同時に，人口の減少や，家族の規模の縮小の到来でもある。また，国際化の影響を受けて，家族構成員の民族・国籍・出身地などが多様化している。

この社会において，紛争を生じさせるのは「人」である。そして，人（人口）が減少しているにもかかわらず，家族をめぐる紛争は増加している。このことは，裁判までには至らないものの，様々な紛争や問題を抱える家族が多数存在していることを推測させる。

家族の生活を支えるための社会保障制度・社会福祉制度の原資は税や

社会保険料であるが，人口減少を受けて原資の担い手が減少する一方で，高齢化によって年金・医療・介護などを必要とする者が増加し，これら制度の持続可能性に赤信号が点っている。増税（課税の強化）や社会保険料の負担増は不可避の状況となっている。他方，社会における格差が拡大しており，税制や各種給付を通じて，格差を是正することが求められている。

「人生 100 年時代」の一面は，以上のようにまとめることができるであろう。

家族に関わる法制度は数多く存在する。家族は，私的（プライベート）な関係にとどまらず，公的（パブリック）な関係であると同時に，法的（リーガル）な関係でもある。われわれは，平穏に暮らしている間は，家族の法的（リーガル）な関係を意識しないでいられるが，いったん，何らかの問題や紛争に直面した場合には，「家族と法」の関係に目を向けざるを得なくなる。

この講義では，民法（親族法・相続法）を中心に，家族に関わる法制度（の一部）を取り上げてきた。最終章となる本章では，それぞれの法制度がどのような課題を抱えているのかについて，改めて認識するとともに，われわれが，今後，これらの課題にどのように取り組んでいけばよいのかについて考えてもらうための材料を提供したい。社会の問題は，同時に，個々人の問題でもある。なお，これから提示する諸課題には，第 1 章から第 14 章までで記述していない内容も一部含まれている。それらについては，インターネット上の情報などを活用して自習することが望まれる。

2. 民法（親族法・相続法）の課題

(1) 婚姻・離婚

(a) 夫婦別氏（夫婦別姓）

第 2 章で取り上げたが，現行民法は婚姻による夫婦同氏（夫婦同姓）制度となっている（民法 750 条）。夫婦別氏（夫婦別姓）を実現するには，民法や戸籍法の改正（立法）が必須であるが，立法府（国会）による検討は進んでいない。

最高裁判所は，2 度にわたって，裁判による解決ではなく，立法による解決を促した（最高裁判所大法廷平成 27・12・16 判決，同令和 3・6・23 決定）。

この問題の重要なポイントは，夫婦別氏を認める場合に，別氏の夫婦間に生まれた子の氏の決定方法である。もちろん，ほとんどの夫婦は，話し合いで子の氏を決定することができるであろう。しかし，妻の妊娠中に夫婦関係が悪化して，子の出生時に夫婦が別居しているような場合には，話し合いで子の氏を決定できないような事態となりうる。夫婦間の紛争に新生児が巻き込まれ，子の氏が決定できないような状況は，子にとって重大な不利益である。

したがって，これから夫婦別氏という新しい制度を作るのであれば，生まれてくる子に不利益をもたらす可能性が生じるような制度の設計は許されない。別氏を望んでいるのは大人たちであるが，法制度を考え，構築するに際しては，声なき声，すなわち将来生まれてくる子に配慮した制度とすることが社会の責任である。

夫婦別氏に賛成・反対というような単純な問題ではないのである。

(b) 同性婚

第 6 章で取り上げたように，欧米先進国では，同性パートナーシップを経て，同性婚の制度化が進んでいる。また，日本人の同性カップルが同性婚を認めている国で婚姻をするような事例も増加している。先進国というレベルで見れば，同性婚の認容は大きな方向性になっている。ところが，わが国における議論は活発ではない。

法技術的な観点からは，同性婚を導入するとなると，民法（特に親族法）や戸籍法の全般的な見直しが必要となる。これら以外にも，「夫婦」「夫」「妻」という文言を用いている法律や制度は多数存在するので，それらの改正も必要となる。さらに，異性婚（男女）の夫婦を前提に構築されてきた多くの法制度，例えば，所得税法の「配偶者控除」や国民年金法の「第三号被保険者」などにも影響が及ぶ。これら既存の制度はすべての国民を対象にしたものであり，同性婚の導入は同性婚を選択しない国民にも様々な影響を及ぼすことになる。マイノリティ（少数者）の問題は，同時に，マジョリティ（多数者）の問題でもある。

(c) 離婚

離婚については，第4章で取り上げた。わが国の離婚制度は，他の国と比べて，きわめて独自の制度である。

欧米諸国では，キリスト教（特にカトリック教会）の影響により，そもそも離婚が認められなかった（離婚不許主義）。19世紀以降，徐々に離婚が認められるようになっていくが，離婚は法律による強い管理下に置かれた。要するに，当事者（夫婦）の意思だけでは離婚ができず，離婚には裁判手続が必須とされた。

ところが，江戸時代のわが国では，当事者・関係者の話合いで離婚が簡単に行われていた。その結果，明治時代に民法を作る際に，江戸時代の簡単な離婚制度を引き継ぎ，離婚届という「紙切れ1枚」で離婚できる協議離婚（民法763条）が離婚の基本的な方法と位置付けられることになった。そして，現在でも，離婚の約90%が協議離婚によって行われている。

協議離婚の利点は,「紙切れ 1 枚」で簡単に離婚することができ,弁護士に依頼したり,裁判所に行ったりする必要がなく,金銭的・時間的コストがほぼゼロであること,ごく少数の他人にしか,離婚の事実を知られないで済むことなどである。

しかし,問題も少なくない。まず,対等な当事者間であれば適正な「協議」が行われるとしても,夫婦が対等な関係にない場合には,強い配偶者が弱い配偶者に離婚を「押し付ける」ことになるかもしれない。

また,離婚を急ぐあまりに,夫婦間の子や財産について,十分な「協議」が行われないで離婚をすることになりかねない。そのような場合,子の監護者や養育費（民法 766 条）や元夫婦間の財産の清算（民法 768 条）をめぐって,離婚後も紛争が継続する事態となる。特に,子の養育費については,取決めが行われないとか,法的拘束力を有しない形で取決められてしまうと「子どもの貧困」にもつながる問題となる。

以上は,法律が強く関与しない協議離婚の負の側面である。

とはいうものの,協議離婚はわが国に深く根付いている制度であるともいえる。離婚をするためには,必ず弁護士に依頼しなければならず（弁護士強制),かつ,必ず裁判所に出頭しなければならない,というような制度は,国民に新たな負担を課すことになるので,実現は困難であろう。そうであるとすると,「紙切れ 1 枚」の協議離婚制度を維持しつつ,上記のような諸問題が発生しないような,あるいは,発生し難くするような方策を考えなければならないことになる。

(d) 離婚後の親権,養育費,面会交流

離婚（第 4 章）と親子（第 5 章）にまたがる問題である。

わが国は,「離婚後単独親権制度」を採用している（民法 819 条 1 項・2 項)。そして,離婚後,子と別居することになった親（別居親）

が養育費を支払い，かつ，そのような親子が面会交流をすることになる（民法766条1項）。

欧米諸国も，かつては離婚後単独親権制度であったところ，1970年代以降，「離婚後共同親権制度」に転換した。近時，わが国でも，離婚後共同親権制度の導入を求める動きが活発化している。

離婚後の親権の帰属，養育費，面会交流は密接に関係しており，切り離せない問題である。民法等の改正について検討する法務省の法制審議会では，令和3（2021）年から，これらを含む法改正の検討に着手しており，今後の議論の行方を注視しなければならない。

（2）親子関係

（a）実親子関係

実親子関係については，第3章で取り上げた。実親子関係の条文の大半を占める嫡出推定，嫡出否認，認知といった制度は，いわゆる「無戸籍者問題」を受けて，令和4（2022）年以降に大幅な改正が行われる予定である（そして，改正法が施行されるのは数年後となるだろう）。

この改正によって，これまでの民法の制度を原因として発生していた無戸籍者は，今後，相当程度減少するものと推測される。しかしながら，無戸籍者の発生原因は，民法だけにあるのではない。例えば，親が子を出産した事実を周囲に知られたくないとか，借金などが原因で逃げている親が子の出生を届け出ないとかいうような原因で，無戸籍者は今後も発生すると考えられる。

社会のデジタル化を受けて，マイナンバーのような国民の情報の登録・管理制度が進展する一方で，そもそも生まれた事実すら登録されない子が存在する。子（無戸籍者）には何ら責任がないにもかかわらず，様々な不利益を受けることになる。令和3（2021）年に「親ガチャ」という言葉が流行したが，このような子を発生させないための方途について，引き続き検討しなければならないだろう。

(b) 養親子関係

養親子関係についても，第 3 章で取り上げた。わが国の養子制度は，節税（節税養子），事業承継（婿養子），伝統芸能の承継（芸養子）など多様な意図で行われる普通養子縁組（民法 792 条以下）と，家庭的な養育環境に恵まれない子に新しい家庭（父母）を与える特別養子縁組（民法 817 条の 2 以下）という，まったく異なる 2 つの制度から成り立っている。社会が今後推進すべき制度は，後者の特別養子縁組である。

特別養子縁組については，令和元（2019）年に特別養子となる子の年齢を原則 6 歳未満から原則 15 歳未満に引き上げて，対象となる子の範囲を拡大する改正を行った（民法 817 条の 5)。この改正を受けて，今後，12 歳・13 歳・14 歳といった年齢の高い子の縁組が増加するのかどうかを注視する必要がある。

他方，次の（c）で述べる生殖補助医療と特別養子縁組の関係についても留意すべき点がある。

子を持ちたいと願う夫婦は，当然ながら，自分たちと血の繋がった子を望んでいる。しかし，婚姻年齢が上昇したことなどにより，自然な妊娠・出産に困難を抱える夫婦が増加し，その結果，生殖補助医療（不妊治療）の利用が拡大している。そして，生殖補助医療の利用によっても子を持つことができなかった場合に，特別養子縁組が選択肢として浮上してくる。

制度的には，夫婦が家庭裁判所に特別養子縁組の成立を申し立てる形になっている。しかし，特別養子縁組の主役は子であり，夫婦ではないというのが，制度の理念である。特別養子縁組は，成功しなかった生殖補助医療の代替物ではない。子のための制度，子を中心とした制度であることを見失ってはならないのである。養子となりうる年齢の拡大によって，特別養子縁組の増加が見込まれるところ，夫婦と子のマッチングおよび家庭裁判所による縁組の成立の判断に際しては，従来同様，子の福祉の実現を見据えた慎重な対応が求められるのである。

(c) 生殖補助医療

生殖補助医療については，1950 年代から立法による対応が求められており，約 70 年を経て，令和 2（2020）年に特例法（生殖補助医療の提供等及びこれにより出生した子の親子関係に関する民法の特例に関する法律）が制定された。これについても第 3 章で取り上げた。

もっとも，特例法は，生殖補助医療とそれにより生まれた子の親子関係（母子関係・父子関係）について，最低限の規律を定めたにとどまり，今後，さらなる検討を経て，内容の豊富化・精緻化が行われる予定である。したがって，特例法は，現在生じている様々な紛争の解決には，ほぼ無力である。

具体的には，近時，第三者からの精子提供をめぐって様々な紛争が生じている。その中には有償での精子提供（要するに精子の売買）なども存在するが，そもそも，精子という人間になり得る細胞を売買の対象にしてよいのか否かという点ですら，社会的合意が十分に得られていない。SNS などを通じて，医療とは無関係なところで，精子の授受・売買が当事者間で行われてしまっている。精子・卵子・受精卵の提供に関する規制，提供者（ドナー）や利用者（レシピエント）の情報の管理，ひいては，生まれた子の「出自を知る権利」の保障など，課題が山積している。

(d) 親権と児童虐待

親権については，第 5 章で取り上げた。親子間の権利と義務は民法，子どもの福祉については児童福祉法という，異なる法分野となっている。そして，児童虐待防止法は，児童福祉法の特別法と位置付けられている。

平成 12（2000）年の児童虐待防止法の制定以来，国・地方自治体・警察・学校・医療機関など，多くの関係者が児童虐待の予防・発見・対応に尽力してきたものの，児童虐待は増加の一途をたどっている。もっとも，通報件数の増加は，関係者のみならず地域（近隣住民）が児童虐待に対する認識を共有するようになった結果ともいえる。

ところで，民法は，親権者が子を「懲戒することができる」としてきた（民法 822 条参照）。そして，親は，この条文を虐待の正当化に用いていた。そこで，令和 4（2022）年以降の改正では，「懲戒」という文言を民法から消し去り，親権者から子への体罰が禁止される予定である。

もっとも，民法や児童虐待防止法をどれだけ改正したとしても，児童虐待をゼロにすることはできない。厳しい刑罰を用意したとしても，犯罪がゼロにならないのと同じである。しかし，子育て家庭に様々な支援を行って児童虐待を予防したり，起こってしまった児童虐待をより早く，より確実に発見して，子を速やかに保護したりするような制度の構築は，時間がかかるかもしれないが可能であり，社会全体で引き続き取り組んでいかなければならない。

(3) 成年後見―高齢者・障害者

第 9 章で取り上げた介護保険制度（介護保険法）と成年後見制度（民法）は，両制度の発足当時，「車の両輪」と称されていた。しかし，残念なことに，当初の見込みを大きくはずれて，この車は脱輪しつつある。

介護保険制度については，高齢化に伴う利用者の増加を受けて，現役世代の負担する介護保険料が上昇し続けている。そのため，要介護認定の厳格化や利用者の自己負担の増額などの方策が取られている。また，介護現場は人手不足が恒常化しており，人材確保が急務であるところ，介護労働者の賃金が低いこともあって，求人には苦労している。利用者にとっては十分な介護が受けられず，現役世代にとっては負担が重く，労働者にとっては魅力的な職場とは言い難いという「三すくみ」状態にあるともいえる。

これとは対照的に，成年後見制度は，利用が低調であるという問題を抱えている。認知症高齢者は500万人とも，700万人とも推計されているが，毎年，新たに成年後見制度の対象とされる者は，4万人弱に過ぎない。認知症高齢者の大半は，成年後見制度を利用していないのである。そこで，平成28（2016）年，国は，「成年後見制度の利用の促進に関する法律」を制定し，利用促進のための基本計画を策定するとした。令和3（2022）年12月には，その基本計画の案が提示された。

現行の成年後見制度は，高齢者・障害者の財産・生活を守るための重要なインフラである。制度の抱える課題を克服するための具体的な方策を速やかに実現しなければならないだろう。

(4) 相続

(a) 相続＝争族・争続

令和3（2021）年時点の年間の死者は約140万人であるが，令和12（2030）年には約160万人となることがほぼ確実である。相続は死亡によって開始するので（民法882条），死者の増加と相続の増加は同義である。

相続をめぐる紛争は，家庭裁判所の調停・審判，地方裁判所の民事訴訟，相続税の課税をめぐる税務訴訟など，様々な形で現れるため，一概に相続紛争が何件あるとか，何パーセント増えたとか，いうことは困難である。しかし，基礎となる死者が増加していることからすれば，相続紛争も増加していることは間違いない。

相続紛争（の増加）は，当事者である相続人にとっても大きな負担であるが，社会にも様々な影響を及ぼす。裁判所に持ち込まれる事件が増加すれば，裁判所の負荷が高まり，裁判全体が遅延することにもつながる。裁判が長期化すれば，当事者である相続人が裁判の途中で死亡するようなことになり，ますます裁判が遅れる。被相続人が100歳で死亡すれば，その相続人の多くは70歳代である。また，裁判の進行中は，遺産である預貯金を解約したり，不動産を売却したりすることが通常できないので，相続人は財産を利用できず，また，財産が社会に流通しないため活用されないことになる。したがって，相続紛争の予防が当事者にとっても，社会にとっても重要となる。

(b) 遺言紛争の増加

第12章で取り上げた遺言（書）は，相続紛争を予防するための重要な手段である。

自筆証書遺言（民法968条）および公正証書遺言（民法969条）とも，利用がほぼ右肩上がりで増えている。また，令和2（2020）年7月から始まった自筆証書遺言の保管制度（法務局における遺言書の保管等に関する法律）の利用も順調に推移している。

遺言が相続紛争の予防に一定の役割を果たしていることは否定できないものの，その遺言自体をめぐる紛争が増加しているようにも見受けられる。

紛争の多くは，「遺言無効確認訴訟」という類型の裁判になる。この訴訟だけを数える統計は存在しないので，正確な事件数は不詳だが，公表される裁判例は明らかに増えている。遺言の紛争というと，遺言書の

「偽造」や「変造」を思い浮かべるかもしれないが，そのような事件は実際には多くない。最も多いのは，高齢者である遺言者が遺言を作成した時点で，遺言を作成するための十分な判断能力（遺言能力という）を備えていたかどうか，という形の裁判である（民法 963 条参照)。

このような裁判は，遺言者の死後に提起され，その過程で，遺言者の診療記録や介護記録などが証拠として提出され，医療関係者や介護関係者が法廷で証言を求められるというような裁判となる。遺言で利益を得るわけではない者が裁判に巻き込まれるのである。少なくとも，法律実務家，すなわち弁護士，司法書士，税理士，行政書士などが関与して作成される遺言については，将来的な紛争を生じさせないような対応をすることが求められるであろう。

3. 手続法の課題

(1) 家庭裁判所

家族をめぐる法的紛争の解決の枠組みについては，第 14 章で概説したとおりである。

少額の金銭トラブルや交通違反などを管轄する簡易裁判所と並んで，家庭裁判所は，国民にとって，最も身近な裁判所である。

家庭裁判所は，第二次大戦後の司法制度改革によって誕生し，同改革で生まれた様々な制度中で，最も成功したものといわれている。しかしながら，課題もある。

家庭裁判所はもとより，すべての裁判所は平日の日中しか開いていない。つまり，夜間，土日祝日は閉まっている。しかし，裁判所を利用する当事者の大半は働いている。裁判所に出頭するために，仕事を休むなどしなければならない。国民に最も身近な裁判所というのであれば，夜間や土日祝日にも利用できるようにするべきではないだろうか。実は，約30年前に，そのような提言が現職の裁判官からされたことがあった。もっとも，残念なことに，その後，ほとんど議論がされなかった。

平成の司法制度改革では，裁判員制度のように，国民に司法への参加を求める制度は導入されたものの，国民が裁判所を利用しやすくするという施策はあまり行われなかったのである。

(2) 裁判所のデジタル化

もっとも，上述した課題は，今後，裁判所がIT化することで，改善が期待できるかもしれない。

令和4（2022）年には，民事訴訟のIT化，すなわち，裁判に関する書面のやり取りをオンライン化する，オンライン会議システムを使って裁判を実施するというような民事訴訟法の改正が行われた（民事執行法，人事訴訟法，家事事件手続法の一部も改正された）。

欧米諸国に比べて，わが国の司法（裁判所）はIT化が遅れているといわれてきたが，IT化には，遠方に居住する当事者や，育児や介護の負担を抱えた当事者の負担軽減であるとか，感情的な対立を抱えた当事者が裁判所で直接顔を会わせないですむようになるとか，様々な利点がある。他方で，家事事件の当事者には高齢者も多く含まれるので，IT化への対応が困難な者もいる。IT化の利便性を享受しつつ，多様な当事者への配慮を忘れてはならないだろう。

4. 社会法の課題

(1) 労働と家族

第7章では，労働と家族について取り上げた。

少子化の原因の１つとして，わが国の労働者の労働時間の問題があるとされる。労働時間が長いために，若い男女が交際の機会を得られないとか，若い夫婦がゆっくりと過ごす時間が持ちにくいなどである。また，労働時間の長さは，家事や育児にも大きな影響を及ぼすと考えられる。例えば，夫の労働時間が長いため，家事・育児に夫の参加が得られず，妻が仕事を辞めて家事・育児に専念しなければならないなどである。

いわゆる「働き方改革」によって，労働時間は減少傾向にあるが，残業時間が減ることで，所定外賃金（残業代）が減少してしまうと，今度は，経済的な理由から，婚姻や出産を控えることにもなりかねない。出産や育児を促進するためには，子育て世代に様々な給付（サービス）を行う必要がある。保育所や学童保育施設などは，子どものためのインフラであると同時に，子育て世代が働きながら子育てを続けるためにも必要なのである。

また，労働に起因して，心身に様々な疾病や障害を有してしまう者も少なくない。これは，本人にとっても家族にとっても重大な問題である。労働者を保護することは，ひいては家族の生活を守ることにつながるのであり，次世代を再生産し，社会を持続させるために，極めて重要である。労働法制を不断に見直して，労働者ひいては家族を守っていかなければならない。

さて，「人生 100 年時代」を迎えて，今後，介護を必要とする高齢者が確実に増加する。前述２（3）で指摘したように，介護保険法もそれを動かすための成年後見制度も，多くの困難を抱えている。介護保険法が当初目指した「介護の社会化」すなわち，家族による介護から社会全体で介護を担っていくという方向性は，制度の発足から 20 年以上を経た現在でも，残念ながら，道半ばである。いわゆる「老々介護」や，近時，顕在化した「若年介護者（ヤングケアラー）」問題も，介護の多くが依然として家族によって担われていることを示している。

(2) 貧困と家族

第 8 章では，家族と貧困の問題を取り上げた。

子どもの貧困，シングルマザーの貧困，非正規雇用者の貧困，高齢者の貧困など，様々な貧困が存在する。すなわち，貧困の問題は，ある特定の世代や特定の地域の問題ではなく，普遍的な問題なのである。

子ども（子育て世代）に対しては児童手当など，高齢世代に対しては国民年金など，そして，対象となる世代を問わない生活保護など，様々な給付制度が存在しているが，それぞれに問題を抱えている。

民法には，親族（家族）間の経済的な相互扶助制度として，「扶養」が存在する（民法 877 条以下）。もっとも，この民法の扶養制度は，家族の規模縮小や家族関係の希薄化などによって，実効性や存在意義が低下している。

(3) 家族と高齢者・障害者

家族と高齢者・障害者については，第 9 章で取り上げたが，ここでは，障害者について若干敷衍（ふえん）することにしたい。もちろん，障害者が高齢者になることも，高齢者が障害者になることもあるので，その意味では，相互に共通する問題でもある。

障害者が若年の間は，両親や兄弟姉妹といった家族が障害者のケアを行っていることが多いであろう。だが，「人生 100 年時代」では，80 歳の両親が，50 歳の障害のある子をケアしなければならない事態が想定される。さらに，「親亡き後」問題も存在する。両親の生存中は両親が子をケアするとして，両親の死後が問題となるのである。障害者が，両親の残してくれた財産を適切に使いながら，あるいは，様々な福祉サービスを活用しながら生活していくには，両親や兄弟姉妹に代わる第三者が必要となる。

民法の成年後見制度を利用することは，「親亡き後」の1つの選択肢であるが，その他にも民事信託（信託法）であるとか，各地域の社会福祉協議会（社会福祉法）が提供している各種サービスの利用などが考えられる。

実は，私たちの社会には，使い勝手の良し悪しはひとまず脇に置くとしても，高齢者・障害者のために用意された多数の制度がある。高齢者・障害者が「人生100年時代」を安心して過ごすためには，本人，家族あるいは周囲の関係者がそれらの制度について知り，活用することが不可欠なのである。

なお，高齢者虐待防止法および障害者虐待防止法が制定され，毎年，統計データが公表されている。これら防止法にも様々課題があるところ，声を上げにくい高齢者・障害者を代弁して，これら防止法の内容をより良いものにしていく努力を怠ってはならないだろう。

5. 税法の課題

(1) 税と家族

教育（日本国憲法26条2項），勤労（同法27条1項），納税（同法30条）は，国民の三大義務である。また，同法84条は，「租税法律主義」について定める。

税（租税）は，国家を運営するために必要不可欠である。社会保障制度や社会福祉制度による給付（サービス）は，税ならびに社会保険料を原資としており，それら制度によって，家族に対して様々な支援が行われている（前述4参照）。

税には非常に多くの種類があり，本講義では，家族や事業承継に関わる税として，第13章で相続税と贈与税に絞って取り上げた。この2つの税は，ともに「相続税法」に規定が置かれており（つまり，「贈与税法」という法律は存在しない），民法の相続制度に最も関係の深い税である。

被相続人（主に親）の死亡によって財産を相続する者（相続人：主に子）が相続税の納税義務者である。親の財産は子の労働によって獲得されたものではない。したがって，相続税は，自らの労働によらない所得（不労所得）に対する課税ともいえる。この点を強調すると，相続税は経済的格差の是正という役割を担っていることになる。

わが国では，バブル経済崩壊後の「失われた30年」の間に，国民の経済的格差が拡大した（いわゆる格差社会）。そのような社会の情勢からすると，大多数の国民はいわゆる富裕層ではないため，相続税のような「持てる者への課税」「資産に対する課税」「不労所得への課税」は，支持を得やすいともいえる。平成27（2015）年1月1日以降に開始した相続から，課税強化（要するに増税）が行われたところ，相続税については，今後も，強化が進むものと推測される。

(2) 事業承継と家族

もっとも，上記のような増税（課税の強化）は，個人の資産と事業用の資産（店舗や工場など）が未分離の自営業者にとって，さらには，そのような自営業者が集積している地域にとって，様々な影響を及ぼすものである。

例えば，筆者は京都市内に居住しているが，同市内は小規模な商店や工場などが多数存在する一方で，国際的な観光地であるため，この間，不動産（土地）の価格が上昇を続けている。

このような地域では，先代の社長が死亡して，子が店舗等を相続する場合に，相続税が問題となる。生前の相続税対策としては，社長が金融機関から融資を受けて古い店舗をビルに建て替えるということが広く行われている。しかし，その結果，伝統的な建物（京町屋）が消滅する。生前に相続税対策をしないでいると，相続した子が店舗（の土地）を売却して，納税資金を調達せざるを得ないかもしれない。そうすると，店舗は開発業者によってホテルやマンションに建て替えられてしまい，やはり京町屋が無くなってしまう。

同じようなことは，実は，農業についてもあてはまる。

東京や大阪など大都市圏内に存在する農地は，生産緑地法に基づく生産緑地指定制度によって，贈与税や相続税の優遇措置が取られてきた。この指定が解除された場合，所有者が農地を売却するなどして，農地が減少するとともに，農業従事者も減少し，大都市圏では家族経営の農家が存続できなくなる可能性がある。大都市圏では，依然として，住宅取得の需要が高いことからすれば，農地の住宅地や商業地への転換が望まれるとしても，貴重な農地が減少することは，環境負荷や災害対策，食糧自給などの観点からは好ましくないともいえる。

農業・町工場・商店などの小規模事業者，換言すれば，それらの家族経営体には，大企業や巨大産業とは異なる社会的な存在意義があり，それらの事業の承継に対する支援が，同時に事業の主体である家族に対する支援にもなり，さらには，地域社会の多様性や持続可能性にもつながっている，というような面についても認識すべきであろう。

参考文献

中込睦子ほか編著『現代家族のリアル　モデルなき時代の選択肢』（ミネルヴァ書房，2021 年）

二宮周平編集代表『現代家族法講座』第 1 巻〜第 5 巻（日本評論社，2020〜2021 年）

索引

●配列は五十音順。

●さ　行

●た 行

分担執筆者紹介

羽生　香織（はぶ・かおり）

・執筆章→2・3・5

2008 年　一橋大学大学院法学研究科博士後期課程修了
博士（法学）
現在　上智大学法学部　教授

専攻　民法（親族法・相続法）
主な著書　『子どもの法定年齢の比較法研究』（共著，成文堂，2017 年）
『解説　民法（相続法）改正のポイント』（共著，有斐閣，2019 年）
『逐条ガイド親族法』（共著，日本加除出版，2020 年）
『判例プラクティス民法Ⅲ親族・相続』（共編著，信山社，2020 年）
『家族法［第 3 版］』（共著，日本評論社，2021 年）

永野　仁美（ながの・ひとみ）

・執筆章→7・8・9

2009 年　東京大学大学院法学政治学研究科博士課程単位取得退学
（2011 年，博士（法学））
現在　上智大学法学部　教授

専攻　社会保障法・障害法
主な著書　『障害者の雇用と所得保障』（信山社，2013 年）
『詳説 障害者雇用促進法－新たな平等社会の実現に向けて［増補補正版］』（編著，弘文堂，2018 年）
『社会保障法（ストゥディア）［第 2 版］』（共著，有斐閣，2023 年）
『現場からみる障害者の雇用と就労－法と実務をつなぐ』（共著，弘文堂，2021 年）

（執筆の章順）

佐藤　香織（さとう・かおり）

・執筆章→13・14

1997年　学習院大学法学部法学科卒業
2000年　弁護士登録
2001年〜　鳥飼総合法律事務所
2010年〜　国立大学法人千葉大学大学院専門法務研究科（法科大学院）非常勤講師（担当科目：租税法）
主な著書　『ここが変わる！！新たな税務調査手続への対応』（共著，ぎょうせい，2012年）
『税理士の専門家責任とトラブル未然防止策』（共著，清文社，2013年）
『四訂版　公益法人・一般法人のQ＆A　運営・会計・税務』（共著，大蔵財務協会，2021年）

編著者紹介

本山　敦（もとやま・あつし）

・執筆章→1・6・11・15

1997年　横浜国立大学大学院国際経済法学研究科修士課程修了
現在　立命館大学法学部　教授
専攻　民法（親族法・相続法）
主な著書　『家族法の歩き方』（日本評論社，2013年）
『親権法の比較研究』（共編著，日本評論社，2014年）
『実務精選120離婚・親子・相続事件判例解説』（共編著，第一法規，2019年）
『新・実務家のための税務相談民法編』（共編著，有斐閣，2020年）
『逐条ガイド親族法』（編著，日本加除出版，2020年）
『家族法［第3版］』（共著，日本評論社，2021年）
『民法Ⅵ親族・相続［第6版］』（共著，有斐閣，2022年）

岩井　勝弘（いわい・かつひろ）

・執筆章→4・10・12

2004年　慶應義塾大学法学部卒業
2006年　法政大学大学院法務研究科修了（法務博士）
2007年　弁護士登録（神奈川県弁護士会）
2014年～　神奈川住宅紛争審査会　紛争処理委員
2018年～　鎌倉市建築審査会　会長職務代理（2022年～会長）
2021年～　神奈川県建設工事紛争審査会　委員
現在　岩井法律事務所・弁護士
放送大学客員准教授
主な著書・論文
『株主総会における遡及的報酬決議の有効性』（共著，拓殖大学論集 政治・経済・法律研究 第12巻第1号47頁，2009年）
『財産引受・開業準備行為の法的性質』（拙著，法政法科大学院紀要 第7巻第1号119頁，2011年）
『役員解任の訴えの本質』（拙著，法学研究 第89巻第11号25頁，2016年）
『逐条解説保険法』（共著，弘文堂，2019年）

放送大学教材　1539507-1-2311（テレビ）

人生100年時代の家族と法

発　行　　2023年3月20日　第1刷
編著者　　本山　敦・岩井勝弘
発行所　　一般財団法人　放送大学教育振興会
〒105-0001　東京都港区虎ノ門1-14-1　郵政福祉琴平ビル
電話　03（3502）2750

市販用は放送大学教材と同じ内容です。定価はカバーに表示してあります。
落丁本・乱丁本はお取り替えいたします。

Printed in Japan　ISBN978-4-595-32406-2　C1332